Bankei Sogyu

Die Kunst einfach zu leben

W0177697

Die Kunst einfach zu leben

mvgverlag

Bibliografische Information der Deutschen Nationalbibliothek
Die Deutsche Nationalbibliothek verzeichnet diese Publikation in der Deutschen
Nationalbibliografie. Detaillierte bibliografische Daten sind im Internet über
http://dnb.d-nb.de abrufbar.

Für Fragen und Anregungen:
info@mvg-verlag.de

Originalausgabe
1. Auflage 2019
© 2018 by mvg Verlag, ein Imprint der Münchner Verlagsgruppe GmbH
Nymphenburger Straße 86
D-80636 München
Tel.: 089 651285-0
Fax: 089 652096

Redaktion: Dr. Manuela Kahle
Umschlaggestaltung: Isabella Dorsch
Umschlagabbildung: Shutterstock.com/Arcady
Satz: Satzwerk Huber, Germering
Druck: GGP Media GmbH, Pößneck
Printed in Germany

ISBN Print 978-3-86882-981-5
ISBN E-Book (PDF) 978-3-96121-292-7
ISBN E-Book (EPUB, Mobi) 978-3-96121-293-4

—— Weitere Informationen zum Verlag finden Sie unter ——

www.mvg-verlag.de

Beachten Sie auch unsere weiteren Verlage unter www.m-vg.de

Inhalt

52 Wege, wie ich mit mir selbst umgehen kann

15 Wege,
wie ich mit anderen umgehen
kann

In meinem Garten lehren mich die Blumen und Pflanzen, wie einfach die verschiedensten Arten, Farben und Formen in Harmonie miteinander leben können. Und obwohl jede Pflanze für sich einzigartig ist, ergeben sie in der Gemeinschaft ein vollendetes Bild.

Wir Menschen sind ebenfalls alle einzigartig und auch wir können uns auf wunderbare Weise ergänzen und in Harmonie miteinander leben. Dafür müssen wir nur unsere Natur erkennen und auf einige Dinge achten.

In diesem Buch möchte ich Wege aufzeigen, wie ein harmonisches, einfaches und erfülltes Leben gelingen kann.

Diese Wege sind die Essenzen aus meiner früheren Tätigkeit als Landschaftsgärtner und meiner Zurückgezogenheit als Mönch, die ich heute lebe. In meinem einfachen Haus mit Garten treffe ich immer wieder Menschen aus aller Welt, um über ein einfaches und erfülltes Lebens zu sprechen – und wie dies gelingen kann.

Denn »die Kunst, einfach zu leben« ist wirklich eine Kunst. Es ist eine Kunst, die jeder erlernen kann.

Beherrschen wir Teile oder gar die ganze Kunst, wird unser Leben nicht nur einfacher, wir selber werden auch gelassener, zufriedener und glücklicher. Wir spüren wieder Leichtigkeit und Erfüllung im Leben und merken, wie wir Stück für Stück unsere Selbstbestimmtheit zurückbekommen.

Es würde mich freuen, wenn der eine oder andere Weg auch dein Leben einfacher und glücklicher machen würde.

Bankei Sogyu

52 Wege, wie ich mit mir selbst umgehen kann

Stehe 15 Minuten früher auf und genieße die Ruhe

Die meisten Menschen stehen morgens sehr knapp auf – so knapp, dass sie ihre Morgenroutine gerade noch schaffen. Sie schaffen gerade noch das Frühstück, dann machen sie sich schnell auf den Weg zur Arbeit, nehmen noch irgendwo einen Kaffee mit, um gerade noch pünktlich im Büro anzukommen. Dieses Ritual wiederholt sich tagtäglich und meistens über Jahre hinweg. Doch dieses Ritual bringt sie jeden Morgen in einen ungesunden Stresszustand, weil sie keine Zeitpuffer einplanen. Und wenn dann noch etwas dazwischenkommt, wird es noch stressiger. Wenn zum Beispiel die Schlange beim Bäcker zu lang ist oder sie den Bus verpassen. Der Stress nimmt stetig zu, und wenn sie dann in der Arbeit ankommen, sind sie total gestresst – und haben mit der Arbeit noch nicht einmal begonnen! Da ich in meinem Garten arbeite, habe ich weniger Ablenkung und nicht den Aufwand, meine Arbeit erreichen zu müssen. Mein Arbeitstag beginnt um

8 Uhr und es würde ausreichen, um 7 Uhr aufzustehen. Trotzdem stehe ich 15 Minuten früher auf. Diese 15 Minuten sind für mich – nicht für die Vorbereitung auf die Arbeit oder für das morgendliche Aufräumen des Bettes. In diesen 15 Minuten denke ich weder an die Arbeit noch an andere alltägliche Dinge. Ich atme ein und atme aus und bereite mich auf den Tag vor, indem ich meinen Geist leere.

Beginne ein neues Ritual. Stehe jeden Morgen 15 Minuten früher auf und nutze die Zeit für dich. Genieße, dass du 15 Minuten mehr Zeit hast. Du kannst etwas länger frühstücken – ohne dabei an die Arbeit zu denken – und etwas früher aus dem Haus gehen. Selbst wenn etwas Unvorhergesehenes passiert, hast du noch genügend Zeitpuffer, um nicht in Stress zu geraten. Und, was vielleicht das Wichtigste ist, du kommst nicht gestresst, sondern ganz entspannt in der Arbeit an.

Stehe 15 Minuten früher auf – und genieß die Ruhe und die Zeit für dich.

Wecke deinen Körper und starte kraftvoll in den Tag

Wie wir am Morgen aufstehen, so wird der Tag werden. Und damit der Tag gut wird, werde wach. In unserer heutigen Welt werden wir oft durch einen Wecker geweckt. Dann dauert es eine Weile – und vielleicht lassen wir den Wecker noch einige weitere Male klingeln – bis wir aufstehen und uns aus dem Bett begeben. Doch wenn wir aus dem Bett steigen, sind wir noch schläfrig. Unser Kreislauf ist noch nicht erwacht. Wir brauchen eine Weile, bis wir hochfahren. Bei vielen Menschen beginnt das Wachwerden beim ersten Kaffee oder Tee. Und bei manchen Menschen noch viel später …

Wie wäre es, wenn wir wirklich frisch und wach aus dem Bett aufstehen würden? Wenn mit dem Moment des Aufstehens alle Sinne erwacht sind und wir uns auf den Tag freuen? Und wenn sich diese Frische hinein in den Tag und durch ihn hindurchzieht? Es ist wunderbar.

Wecke also deinen Körper noch im Bett. Bleibe liegen und strecke beide Arme senkrecht nach oben und öffne und schließe schnell hintereinander deine Hände zur Faust. Du merkst, wie dein Kreislauf langsam in Gang kommt. Dann hebe deine Beine senkrecht hoch und mache dasselbe mit deinen Zehen. Nicht mehr als 30 Sekunden. Du wirst bemerkten, wie viel wacher dein Körper jetzt ist.

Wecke deinen Körper noch im Bett – und starte kraftvoll in den Tag.

Beginne den Tag gesund –
es steigert dein Wohlbefinden

Jeder Tag ist ein Geschenk, und wir können entscheiden, wie wir ihn beginnen. In Ruhe oder Hektik, unaufmerksam oder bewusst, wohltuend oder nicht. Beginne deinen Tag wohltuend und gesund. Nimm etwas zu dir, was dir und deinem Körper guttut und gesund ist. Bei manchen ist es frisches Obst. Manche lieben Ingwerwasser am Morgen, andere Milchbrei. Probiere verschiedene Dinge aus. Jedem tut etwas anderes besonders gut. Dabei musst du nicht auf deinen morgendlichen Kaffee oder Tee verzichten. Es ist eher eine Ergänzung, die das persönliche Wohlbefinden steigert.

Oft haben sich unsere Morgenrituale eingefahren, dass wir nicht mehr bemerken, ob sie uns guttun oder nicht. Ich selber habe über Jahrzehnte hinweg jeden Morgen die Sorte japanischen Tee getrunken, die schon meine Eltern tranken. Es war ein festes Ritual, auf das ich mich immer sehr gefreut habe. Der Geschmack war wundervoll, doch ich bekam

immer ein leichtes, kaum merkliches Magendrücken. Aber das Ritual war mir wichtiger als das
Unwohlsein, das dieser Tee bei mir verursachte. Ich
stellte die von meinen Eltern übernommene Tradi-
tion nie infrage. Irgendwann begann ich, eine andere Sorte Tee zu probieren, und bemerkte, dass ich
keinerlei Magendrücken bekam. Es war eine Tee-
sorte, die ganz zu mir und meinem Körper passte.
Und so trinke ich weiterhin meinen morgendlichen
Tee als Ritual, nur nicht mehr die Sorte meiner Eltern. Mein Körper verlangt geradezu danach. Es
steigert mein Wohlbefinden und gibt mir das Gefühl, schon am Vormittag etwas für meine Gesundheit getan zu haben.

Überlege also, was morgens zu dir passt und was
deinen Körper stärken würde, und beginne jeden
Tag damit. Du wirst sehen, dass sich dein Wohlbefinden von Tag zu Tag steigert.

Denke positiv –
dein Körper wird folgen

Unser Leben ist voller Aufgaben. Oft denken wir beim morgendlichen Tee schon an die zahlreichen Pflichten des Tages. Was wir besorgen und erledigen müssen, welche Termine wir haben, was welche Kollegen wohl sagen werden und dass es sehr eng wird, alles unter einen Hut zu bekommen. Wenn wir so denken, beginnen wir den Tag mit negativen Gedanken und unser Körper erwartet förmlich, dass das Negative passiert. Diese Erwartungshaltung verdrängt das Positive. Es hat keinen Platz mehr.

Beobachte einmal ganz genau, was du denkst. Wie oft denkst du negativ und wie oft positiv? Wir alle denken viel zu häufig negative Dinge. Durch negative Gedanken sendet das Gehirn negative Anweisungen an deinen Körper. Diese können wir spüren und bei manchen sogar sehen.

Wenn wir eine Blume mit schmutzigem Wasser gießen, wird diese nie so erblühen wie eine Blume, die wir mit frischem, klarem Wasser versorgen. Überlege also, mit welchen Gedanken du deinen Körper gießt.

Dabei ist es einfach, unsere Gedanken zu beobachten und zu lenken. Wir können unsere negativen Gedanken erkennen und sie durch positive ersetzen. Denn unser Gehirn kann nur eine Sache – nicht mehrere gleichzeitig – denken. Also denke an schöne Dinge, an das Lachen eines Kindes, an eine Blumenwiese im Frühling, an das Meer. Stelle es dir bildlich vor. Merkst du, wie dein Körper dir folgt? Merkst du, wie der positive Gedanke deinen Körper entspannt und dir vielleicht sogar ein Lächeln aufs Gesicht zaubert?

Beginne den Tag also mit positiven Gedanken – und dein Körper wird dir folgen.

Erkenne den Moment –
es könnte ein sehr großer werden

Wir sind so eingebunden in unser tägliches Leben, unseren Alltag, dass es vorkommt, dass wir Momente übersehen, die große Momente werden könnten. Diese Momente tauchen plötzlich auf, ohne sich vorher anzukündigen. Das Einzige, was wir tun müssen, damit diese Momente nicht an uns vorbeiziehen, ist: aufmerksam sein. Mehr nicht.

Angenommen, du hast eine Wanderung geplant und möchtest innerhalb von drei Stunden vier verschiedene Orte oder Sehenswürdigkeiten sehen. Plötzlich bist du am zweiten Ort von etwas ergriffen. Vom Ort, von der Aussicht, von der Stimmung, vom Moment. Das ist der Punkt, an dem der Moment groß werden könnte. Wenn du nun sagst, ich muss aber noch die anderen Orte sehen, und dafür diesen Moment nicht auskostest, dann geht ein großes Geschenk an dir vorüber.

Erkenne solche Momente und koste sie voll und ganz aus. Wirf deinen ursprünglichen Plan über

Bord und tauche ein in diesen Moment. Es kann sein, dass genau dieser Moment eine wunderbare Erkenntnis für dich bereithält. Oder ein besonderes Gefühl. Koste es aus, denn es sind die Geschenke, von denen wir nicht wissen, woher sie kommen, die aber unser Leben verändern können.

Als ich begann, meinen eigenen Garten zu gestalten, saß ich einmal und meditierte. Jede Meditation ist anders, so wie jeder Tag ein anderer ist. Manchmal wirkt die Umgebung auf die Meditation ein und bewirkt etwas. Manchmal hat die Umgebung keinerlei Einfluss. Man weiß nie, wie bedeutend oder tief eine Meditation wird. Und so passierte es ganz unverhofft. Ich tauchte während der Meditation in den Moment ein. Es öffnete sich etwas, in das ich »hineinschwebte«. Es war, als ob ich in die Weite des Universums einträte. Es fühlte sich an, als ob es irgendwo noch viel mehr geben würde. Mehr Leichtigkeit, mehr Leben, mehr Tiefe. Diese Erkenntniserfahrung wird im ZEN »Kensho« genannt. Es ist eine Art Erweckungserlebnis, das so tief, schön und bleibend ist, dass man sich weiterhin damit beschäftigen möchte. Dieser Moment beeinflusst mein Leben bis heute. Er hat mich darin bestärkt, meinen Garten fertigzustellen und dort in einem kleinen Haus abgeschieden zu leben. Und dieser Moment kam einfach, ohne sich anzukündigen. Und ich habe es einfach zugelassen. Mehr nicht.

Es gibt so viele Momente, die groß werden können, wenn wir sie erkennen und zulassen. Das kann ein Schweigen sein, wo wir sonst reden. Es kann am Lagerfeuer sein, wenn wir mit unserem Blick in das Feuer eintauchen. Es kann beim Singen im Chor sein, wenn sich die einzelnen Stimmen zu einer Gesamtharmonie verbinden, die uns fortträgt.

Überall kann etwas Besonderes passieren, das unseren weiteren Lebensweg beeinflusst.

Erkenne also diese besonderen Momente – es könnte ein großer daraus werden.

Schließe deine Augen –
du findest alles in dir

Unsere Augen sind die wichtigsten Sinneswahrneh-
mer. Wir nehmen so viel mit unseren Augen auf,
dass unser Gehirn ständig mit der Verarbeitung
dieser Sinneseindrücke beschäftigt ist. Sogar in der
Nacht verarbeitet unser Gehirn die Eindrücke vom
Tag.

In meiner Welt sind diese Eindrücke einfach und
überschaubar. Es sind mein Haus mit seinen Möbeln
und Gegenständen und mein Garten mit seinen Wegen und Pflanzen. Durch die Gespräche mit meinen
Gästen weiß ich, dass heute unglaublich viele Informationen aus ganz unterschiedlichsten Kanälen auf
die Menschen eindringen. Über Smartphones, Computer, Zeitungen, Bildschirme, Werbebanner und
vieles mehr. Schau dich einmal um und betrachte,
was tagtäglich von deinen Augen wahrgenommen
wird. All das sind Informationen von außen.

Leider sind wir es nicht gewohnt, tagsüber unsere Augen zu schließen. Doch genau das sollten wir

tun. Für einen Moment. Für mehrere Momente. Für fünf Minuten. Die Augen schließen und atmen. Durch das Schließen der Augen schließen wir das Tor der Sinneseindrücke und lassen nichts mehr hindurch. Wir geben uns und unserem Geist etwas Zeit. Zeit, um die vielen Eindrücke von außen zu verarbeiten, aber auch Zeit, um unsere Eindrücke aus dem Inneren wahrzunehmen. Und diese Eindrücke von innen sind das, was wir sind. Wir nehmen sie viel zu selten wahr, weil wir ständig Eindrücke von außen verarbeiten müssen.

Schließe also hin und wieder am Tag deine Augen – und du wirst finden, was in dir ist und was dich ausmacht.

Lächle –
es vermehrt deine Attraktivität

Lachen ist etwas sehr Gesundes. Selbst wenn wir alleine sind, sollten wir hin und wieder lächeln. Wie positive Gedanken wirkt auch ein Lächeln positiv auf unseren Körper.

Einmal besuchte mich in meinem Garten eine Gruppe aus Indien, die »Lachyoga« praktizierte. Nachdem wir uns eine Zeit lang über das einfache Leben ausgetauscht hatten, begann der Meister einfach, in der Gruppe zu lachen. Dabei erzählte er keine Witze oder führte etwas Komisches vor, worüber man lachen könnte. Er lachte einfach, ganz ohne Grund. Der Meister lachte vor und die Schüler lachten nach. Selbst Menschen ohne Humor haben keine Chance, sie müssen mitlachen. Es ist so ansteckend, dass man mitmachen muss. So ging es auch mir. Ich konnte nicht widerstehen. Erst bemerkte ich ein Lächeln, aber schon nach kurzer Zeit wurde daraus ein herzhaftes, intensives Lachen. Und während ich die anderen beobachtete, bemerkte ich, dass niemand ein aufgesetztes oder gekünsteltes Lachen zeigte. Es kam bei allen aus tiefstem Herzen. Das war eine ganz wunderbare Erfahrung, die mir gezeigt hat, wie gesund und ansteckend Lachen ist, und ich erinnere mich sehr gern an diesen Besuch.

Natürlich können wir nicht den ganzen Tag aus vollem Herzen lachen. Das wäre tatsächlich komisch. Doch wir können uns bewusst entscheiden, ob wir ein freundliches oder unfreundliches Gesicht machen. Denn für ein ernstes wie auch ein freundliches Gesicht benötigen wir dieselbe Anzahl an Muskeln. Es ist der exakt gleiche Aufwand an Energie. Doch welches Gesicht wirkt auf dich anziehender? Ein grimmiges oder ein freundliches Gesicht?

Also lächle – es wird deine Attraktivität vermehren.

Atme tief –
du wirst entspannter

Ohne Atmen können wir nicht leben. Deswegen atmen wir alle, irgendwie – als Reflex. Doch in der Art, wie wir atmen, steckt Lebensqualität.

Atmen wir flach, ist unser Körper angespannt. Der ganze Bereich um Brust und Zwerchfell ist unter Spannung, er lässt uns nur flach atmen. Dadurch bekommt unser Körper weniger Sauerstoff.

Atmen wir tief, können wir mit jedem Ausatmen unseren Körper entspannen. Wir können mit jedem Ausatmen die Spannung von unserem Kopf, unserem Gesicht, unseren Schultern, unserer Brust, unserem Bauch nach unten abfließen lassen.

Atme langsam aus und lass dabei ganz bewusst deine Muskeln los. Erst die Muskeln in deinem Gesicht, dann die an Schulter und Brust, Bauch und Beine. Mit jedem Ausatmen läßt du mehr Muskeln los. Du wirst überrascht sein, wie viele Muskeln ständig angespannt sind und wie angenehm das Atmen ist, wenn sie sich entspannen.

Egal, bei welcher Gelegenheit. Tief atmen können wir überall üben. In der Arbeit, im Meeting, bei einem Gespräch, bei einem Vortrag oder beim Essen. Überall hat es dieselbe Wirkung: Es entspannt uns. Atme also tief, sooft du kannst – und du wirst entspannter.

Lasse los
und du wirst leichter

Wir alle tragen Lasten aus der Vergangenheit in uns. Oft sind es Lasten, die wir nicht mehr tragen müssen oder gar nicht tragen mussten. Trotzdem finden wir schwer den richtigen Zeitpunkt, eine solche Last loszulassen, und schleppen sie weiter mit uns herum. Dadurch halten wir diese Schwere der Vergangenheit in uns aufrecht.

Manchmal ist es etwas, das du ständig wiederholst und somit aufrechterhältst. Manchmal eine Person, die nie so sein wird, wie du sie in Gedanken gern hättest. Manchmal ein Wunsch, der nicht in Erfüllung gehen kann. Manchmal eine lange Arbeit oder eine Geschäftsidee, die einfach nicht gut war. Manchmal eine vergangene Beziehung, dessen Ende uns schmerzt und die wir nicht loslassen können.

Egal, was es ist. Es macht unser Weiterkommen schwerer. Es macht die Zukunft trüber, wenn wir nicht loslassen.

Ich habe lange als Landschaftsgärtner gearbeitet. Die Tätigkeit hat mich immer glücklich gemacht, bis ich irgendwann etwas spürte, von dem ich nicht wusste, woher es kam. Es war das diffuse Gefühl, dass ich etwas ändern möchte. Und so stellte ich mir eines Abends aufrichtig die Frage: »Will ich noch, was ich tue?« und musste mir diese Frage mit »Nein« beantworten. Also habe ich begonnen, etwas Neues aufzubauen. Das war mein Garten, in dem ich heute lebe. Doch ich spürte dabei immer eine Schwere. Diese Schwere kam, weil ich zwar etwas Neues machte – aber das Alte nicht losließ. Ich hielt an meiner alten Tätigkeit fest. Aus welchem Grund auch immer. Erst als ich meine Tätigkeit als reiner Landschaftsgärtner bewusst aufgab, indem ich gekündigt und losgelassen hatte, fühlte ich mich leichter und konnte das Neue mit viel mehr Elan umsetzen.

Versuche also nicht, die Vergangenheit aufrechtzuerhalten. Lasse los, und du bemerkst, wie du leichter wirst. Wie ein Ballon nach oben steigt, wenn er seine Gewichte fallen lässt.

Ordne deine Schuhe
und dein Geist wird klarer

ZEN-Meditationen beginnen sehr früh am Morgen und äußerst pünktlich. Es ist eine Frage des Respekts den anderen gegenüber, nicht zu spät zu kommen. Und selbst wenn man ganz knapp oder gar zu spät kommt, auf eines gilt es, trotz Hektik besonders zu achten: seine Schuhe ordentlich nebeneinander hinzustellen. Das beruhigt den Geist, noch bevor man in den Raum eintritt.

Dies sollten wir in unser alltägliches Leben übernehmen und fortan darauf achten, wie wir unsere Schuhe hinstellen. Wenn wir nach Hause kommen, wenn wir zum Sport gehen, wenn wir die Kinder abholen – wie zieht man die Schuhe aus? Stelle ich meine Schuhe ordentlich hin oder werfe ich sie auf einen Haufen? Selbst wenn wir tatsächlich einen Haufen voller Schuhe vorfinden, wir können unsere Schuhe fortan ordentlich danebenstellen.

Auch unsere Kinder können wir darauf hinweisen, dass sie ihre Schuhe nicht einfach in die Ecke werfen, sondern sauber nebeneinanderstellen. Selbst wenn das nicht immer klappt, die Kinder bemerken einen Unterschied und sind für den kurzen Augenblick, in dem sie die Schuhe ordentlich ablegen, aufmerksam bei der Sache.

Im ZEN erkennen wir daran, wie die Schuhe vor dem Raum abgelegt sind, welche Stimmung und Klarheit im Raum herrscht. Durcheinanderliegende Schuhe bedeuten Unklarheit. Ordentlich liegende Schuhe Klarheit.

Ordne also deine Schuhe – und dein Geist wird klarer.

Vertraue deiner Intuition – sie wird dich in die richtige Richtung führen

Intuition ist unser ganz persönlicher Kompass für unsere Richtung im Leben. Oft haben wir Angst, auf sie zu vertrauen, weil wir sie nicht genau wahrnehmen und dadurch verunsichert sind.

Doch Intuition schickt uns immer wieder Momente, in denen wir ganz klar spüren, wohin wir in unserem Leben gehen sollten. Aber genau diese Klarheit, die wir in jenen Momenten sehen, wird durch unseren Verstand angezweifelt. Und so ziehen Momente an uns vorbei, die für uns eine Chance gewesen wären.

Das nächste Mal, wenn solch ein Moment in dein Leben kommt, versuche nicht, ihn mit deinem Verstand zu erschlagen. Trotze deinem Verstand und versuche, so lange wie möglich den Weg zu gehen, den dir deine Intuition zeigt. Denn mit jedem Schritt, den du in diese Richtung gehst, steigt die Gewissheit, dass es die richtige Richtung für dich ist. Denn unser

Verstand ist nicht dafür da, unsere Lebensrichtung zu bestimmen. Den Verstand benötigen wir nur für die Umsetzung unserer Lebensrichtung.

Vertraue also deiner Intuition – sie wird dich in die richtige Richtung führen.

Gehe »weitsehen« in der Natur und spüre wahre Freiheit

Natur ist voller Freiheit. Manche denken, man kann diese Freiheit auch in der Stadt, inmitten von Häusern und Straßen finden. Das ist eine andere Freiheit, eine begrenzte. Diese Begrenzung erkennen wir an der fehlenden Möglichkeit, weit sehen zu können. Denn wir können uns nur so frei fühlen, wie wir weit sehen können. Natürlich können wir innerhalb von Sekunden mit dem Aufzug in das oberste Stockwerk eines Hochhauses fahren und von dort aus die Aussicht genießen. Aber es ist eine andere Art von Aussicht als die, die wir in der Natur sehen.

Wahre Freiheit kann uns nur Natur erfahren lassen. Wenn wir sie mit beiden Füßen durchwandern, weiter und weiter, höher und höher, bis wir wirklich weitsehen können. Wir brauchen vielleicht Stunden der Vorbereitung und des Gehens, bis wir an diesen Punkt kommen, wo wir wirklich weitsehen können.

Doch irgendwann sind wir angekommen und blicken in eine befreiende Weite. Wenn wir nun innehalten, können wir diese Weite in uns aufnehmen und unsere Enge an die Weite abgeben.

Gehe also »weitsehen«, wann immer du die Möglichkeit hast – und spüre die wahre Freiheit.

Betrachte eine Blume und wundere dich!

Aus einem einfachen Samen entstehen kleine Wunder. Kleine Wunder, die im Frühling plötzlich überall zu sehen sind. Blumen auf der Wiese, Blumen zwischen Steinen, Blumen auf brauner Erde. Jede Einzelne, egal, ob klein oder groß, ist ein Wunderwerk.

Viel zu oft nehmen wir Blumen nur am Rande wahr. Wir bemerken, dass sie blühen, und freuen uns darüber; und wenn sie verblüht sind, nehmen wir das als selbstverständlichen Kreislauf der Natur wahr. Doch genau dieser Kreislauf birgt ein Wunder in sich, das wir nur sehen können, wenn wir es genau betrachten.

Wenn mich Gäste besuchen, gehen wir zuerst durch den Garten. Die Wege sind nicht gerade, sondern in geschwungenen Linien angelegt. Dadurch können die Gäste die unterschiedlichen Pflanzen und Blumen genauer betrachten, als wenn ein gerader Weg direkt zum Haus führen würde. Wir gehen sehr langsam durch den Garten und ich merke, wie diese Verlangsamung den Blick der Gäste auf die Blumen lenkt und wie sie dort Entdeckungen machen. Manche bleiben stehen und beugen sich zu einer Blume hinunter. Manche riechen an einer Blume. Wir haben es nicht eilig. Der Garten ist dafür da, den Alltag hinter sich zu lassen und Wunder zu entdecken.

Nimm dir Zeit, die nächste Blume genau zu betrachten. Gehe ganz nah hin und sieh dir die Blätter, die Blüten, die Pollen, die Form, die Farben, den Stängel an. Versuche, alle Details zu entdecken. Nimm dir Zeit dafür. Welche Details erkennst du, die du aus der Ferne nicht gesehen hast? Vielleicht winzige kleine Härchen an Blatt und Stängel? Vielleicht wunderbare Farbverläufe an den Blättern? Vielleicht entdeckst du Blütenstaub von anderen Blumen, den eine Biene mitgebracht hat? Sieh genau hin und entdecke immer mehr, denn im Detail zeigen sich die Wunder der Natur.

Betrachte also eine Blume im Detail – und wundere dich.

Sage, was du denkst und du fühlst dich leichter

Unser Gehirn produziert ständig Gedanken, und es ist natürlich unmöglich, all diese Gedanken auszusprechen. Doch das müssen wir auch nicht. Es geht um die Gedanken, die sich wiederholen und immer wiederkommen. Mal in längeren Abständen, mal in kürzeren. Diese Gedanken haben für uns eine gewisse Bedeutung, sonst würden sie nicht immer wiederkommen. Genau diese Gedanken sollte ich aussprechen, weil der Gedanke sonst wortwörtlich im Kopf »hängen bleibt« und mich belastet.

Im ZEN wird nicht viel gesprochen und doch gibt es ab und an Zeit für den Austausch zwischen Meister und Schüler. In einer Geschichte traf ein Schüler seinen Meister zufällig auf den Gängen des Klosters. Der Schüler konnte sich nicht zurückhalten. Er hatte das dringende Bedürfnis, seinem Meister etwas zu sagen. Und obwohl es unüblich ist, ließ der Meister den Schüler lange sprechen. Dieser überflutete den Meister mit einer großen

Anzahl an Fragen und Gedanken, die ihn beschäftigten. Nach einer gewissen Zeit ebbte dieser Strom ab und der Meister fragte: Was von alledem, was du mir gerade erzählt hast, wolltest du mir sagen? Der Schüler blickte seinen Meister verwundert an und erkannte, dass er die ganze Zeit um das Eigentliche herumgeredet hatte. Aus Zerstreutheit, aus Unbewusstheit, aus Angst. Doch der Meister hatte genau das durchschaut und sagte zu ihm: Meditiere, finde Klarheit und Mut und komme wieder.

Suche also den Gedanken, der dich immer wieder beschäftigt, und sprich diesen aus. Erzähle ihn deinem Partner, deinen Freunden – und falls du niemanden zum Sprechen hast, sag ihn deinem Spiegelbild. Denn mit dem Aussprechen dieses Gedankens geht auch die Last, die er in unserem Kopf erzeugt.

Sage also am besten immer, was du denkst – und du fühlst dich leichter.

Faste einen Tag in der Woche – du wirst dich besser fühlen

Fast überall auf der Welt ist der Tag in feste Essenszeiten eingeteilt. Morgens, mittags und abends nehmen wir unterschiedlichste Mahlzeiten auf. Unser Körper hat sich voll und ganz auf diese Routine eingestellt. Nur sehr selten verändern wir etwas an diesem Ablauf. Doch genau das braucht unser Körper. Ein Wechsel zwischen Essen und Fasten gibt dem Körper die Möglichkeit, sich zu reinigen und zu entlasten. Wenn der Körper ständig mit Verdauen beschäftigt ist, fehlen die Energie und die Zeit, sich von Überschüssigem zu trennen. Dabei ist es wirklich einfach, die Routine zu unterbrechen.

Benenne einen Wochentag und beginne an diesem Tag, abends nichts zu essen. Bereits am nächsten Tag wirst du bemerken, dass dein Körper sich besser anfühlt. Wenn du nach einiger Zeit etwas Routine damit hast, gehe noch einen Schritt weiter. Beginne damit, an diesem Tag kein Mittagessen und kein Abendessen zu dir zu nehmen. Für viele Buddhisten ist es völlig normal, nur bis 12 Uhr mittags feste Nahrung zu sich zu nehmen und den Rest des Tages nur Tee und Wasser zu trinken. Das bringt dem Körper mehr Energie. Denn die Verdauung selbst kostet den Körper sehr viel Energie. Und genau diese hat er übrig, wenn er weniger verdauen muss.

Wenn du dich auch an dieses Ritual gewöhnt hast, dann versuche einen ganzen Tag lang zu fasten. Verzichte auf Frühstück, Mittag- und Abendessen, aber nicht auf das Trinken. Trinken ist sehr wichtig. Trinke an diesem Tag Wasser und Kräutertees.

Mit diesem Fastentag gibst du deinem Körper eine wirklich wichtige Möglichkeit zu entschlacken. Er wird es dir danken, indem er dir Energie zurückgibt.

Beginne also damit, einen Tag in der Woche zu fasten – und du wirst dich besser fühlen.

Erkenne die Übergänge –
es steigert deine
Konzentration

In unserem Leben bewegen wir uns ständig durch Räume, ohne darüber nachzudenken. Wir gehen morgens vom Schlafzimmer ins Badezimmer, vom Badezimmer ins Wohnzimmer oder in die Küche, vom Zuhause in die Arbeit und so weiter.

Hektik und Stress entstehen, wenn wir unbewusst durch diese Räume wandern, ohne uns anzupassen. Das heißt, wenn wir in die Arbeit gehen, denken wir noch an zu Hause. Wenn wir von der Arbeit nach Hause kommen, sind wir in Gedanken noch immer in der Arbeit.

Versuche, die Übergänge zu erkennen, also die Bereiche, in denen du den alten Raum verlässt und in den neuen Raum eintrittst. Sobald du über diese Schwelle gehst, denke nicht mehr an die Dinge aus dem alten Raum. Stell dir vor, du gehst einfach durch eine Türe von einem in den anderen Raum. Nachdem du durchgegangen bist, denkst du an nichts, was den alten Raum betrifft. Du lässt alles hinter dir. Du denkst nur noch an das, was hier, in dem neuen Raum, wichtig ist. Damit stellst du dich bewusst auf dein aktuelles Umfeld ein und bist voll und ganz da. Mit deinem Körper und deinen Gedanken.

Versuche auch, solche Übergänge im Computer zu erkennen. In meiner Abgeschiedenheit des Gartens kenne ich nicht die ganze Bandbreite der neuen Technologien. Doch ich bemerke bei den Menschen, die mir davon erzählen, dass sie auch dort die Übergänge nicht bemerken. Sie wandern schnell in diesen virtuellen Räumen hin und her, ohne den Körper vom Fleck zu bewegen. Und genau hier solltest du die Übergänge ebenfalls erkennen und versuchen, voll und ganz in einem virtuellen Raum zu sein und konzentriert die Dinge in diesem Raum zu erledigen, bevor du in den nächsten virtuellen Raum übergehst.

Erkenne also die Übergänge – und du wirst weniger zerstreut sein und deine Konzentration verbessert sich.

Betrachte ein ZEN-Bild
und tauche ein

Das wohl bekannteste ZEN-Bild aus der japanischen Kalligraphie ist Ensō, der Kreis. Es ist Symbol für Erleuchtung, Stärke, Eleganz, das Universum und die Leere. Im ZEN-Buddhismus, genauer gesagt im Hitzuzendo – ZEN im Weg des Pinsels – malt man diesen Kreis in einem Zustand, der völlig frei von Gedanken und dem Wunsch ist, einen besonders schönen Kreis zu malen. Die Tinte wird mit dem Pinsel in einer einzigen Bewegung auf das Papier aufgetragen. Es ist ein meditatives Malen, bei dem der Pinsel nicht geführt werden soll, man »lässt ihn malen«. Der Pinsel soll gänzlich allein etwas erschaffen. Der Maler atmet dabei lange und langsam aus. Das Ergebnis kann nicht verändert werden und zeigt den Zustand des Geistes im Augenblick des Erschaffens.

Betrachte Ensō und beobachte deine Gedanken dabei. Atme aus und lasse dich von Ensō voll und ganz einnehmen. Versuche, mit dem Ausatmen deine Gedanken ohne Bewertung vorbeiziehen zu lassen. So lange, bis du nichts mehr bewertest und nichts mehr denkst. Dann bist du eingetaucht. Eingetaucht in den Moment. Eingetaucht in das Bild. Genieße diesen Zustand.

Male ein Mandala –
die einfachste Form
der Meditation

Nicht jeder hat die Übung und das Zubehör, einen Ensō, den Kreis, mit Tusche auf Reispapier zu zeichnen. Doch du kannst einen ähnlichen meditativen Zustand erreichen, indem du ein Mandala deiner Wahl mit Farben ausmalst. Setze dich an einen Ort, an dem du einigermaßen Ruhe hast, und lege alles bereit – das Mandala und die Farbstifte - damit du dein Malen nicht unterbrechen musst. Eine Unterbrechung ist eine Störung, die dich vom Eintauchen zum Auftauchen zwingt. Dann musst du wieder von vorne beginnen mit dem Eintauchen. Schaue also, dass du durch nichts abgelenkt werden kannst. Deswegen sollte auch dein Smartphone nicht in der Nähe sein.

Nun beginne mit dem Ausmalen. Versuche, genau zu malen, ohne perfektionistisch sein zu wollen. Beobachte deine Gedanken – und lass sie ziehen. Beginne, das Ausmalen an deine Atmung zu knüp-

fen. Einatmen = Stift nach oben und vorbereiten.
Ausatmen = Stift auf das Mandala setzen und
malen. Male so lange, wie du entspannt ausatmen
kannst. Beim Einatmen hebst du den Stift wieder
an und mit dem Ausatmen malst du wieder weiter.
Wiederhole es und du wirst sehen, wie sich deine
Atmung entspannt und du immer länger ausatmen
kannst. Du bemerkst, wie sich dein Malen mit deinem Atmen verbindet und ein Rhythmus entsteht.
Es ist dein Rhythmus. Deine Gedanken beschäftigen dich nicht mehr, dein Körper entspannt sich.
Mache dies, solange es dir guttut. Es ist die einfachste Form der Meditation.

Benenne deine Ziele
und deine Gedanken ordnen sich

Ziele schwirren häufig unkontrolliert durch unseren Kopf. Mal denken wir an dieses, dann denken wir wieder an jenes. Dadurch geraten unsere Gedanken in Unordnung – eine Ursache für Stress. Gegen diesen Stress hilft, wenn wir unsere Ziele klar benennen. Sobald wir beginnen, unsere Ziele aufzuschreiben, wird unser Geist ruhiger und ordnet sich.

Somit ist der erste Schritt, dass wir unsere Ziele aufschreiben – zunächst nur, um sie nicht im Kopf behalten zu müssen. Denn den Kopf brauchen wir für das Erreichen der Ziele – nicht für deren »Festhalten«. Sobald wir beginnen, unsere Ziele aufzuschreiben, bemerken wir, dass sich unser Geist eigentlich nur um einige wenige Ziele dreht. Da er dies aber ständig und unkontrolliert macht, haben wir das Gefühl, dass es sehr viele Ziele sind.

Schreibe also deine Ziele auf ein Blatt Papier, wann immer sie in deinem Kopf ankommen. Du wirst be-

merken, wie jedes notierte Ziel deinen Geist ent-
lastet. Irgendwann kommen keine weiteren Ziele
mehr hinzu und du hast deinen Geist »entleert«,
indem du alles zu Papier gebracht hast. Dies ist
eine Methode, um den Geist zu beruhigen.

Im ZEN erreichen wir diese »Entleerung« des Geistes durch das Praktizieren von »zazen« (Sitzmeditation), Gehmeditation und das Rezitieren von
Sutren. Dies ist ein ganz hervorragender Weg –
allerdings braucht man dazu einen Meister und
natürlich etwas Übung. Das Aufschreiben deiner
Ziele ist eine »westliche« Möglichkeit, den Geist zu
entleeren.

Benenne also deine Ziele – und deine Gedanken
werden sich ordnen, du wirst mehr Klarheit und
Energie haben, deine Ziele auch zu erreichen.

Finde deinen Zweck
im Leben –
er wird dich beruhigen

Warum sind wir hier? Warum bist du hier? Es ist eine ganz große, wenn nicht die größte und wichtigste Frage überhaupt. Und für die Beantwortung dieser Frage nehmen wir uns viel zu wenig Zeit. Wir sind voll und ganz eingebunden in unseren täglichen, sich wiederholenden Alltag. Und wenn dieser Alltag einmal eine Lücke lässt, möchten wir uns eher entspannen und uns mit angenehmen Dingen ablenken. Wir denken nicht als Erstes daran, uns die große Frage zu stellen. Das ist nur allzu verständlich und nachvollziehbar.

Doch hin und wieder sollten wir uns einmal diese Frage stellen. Denn sobald wir uns mit ihr beschäftigen, verliert sie ihr vermeintlich großes Gewicht. Schließlich stellen wir uns lediglich eine Frage über uns selbst. Was ist mein Zweck hier auf der Welt? Neben den Rollen, die wir im Leben einnehmen, wie zum Beispiel Freund sein, Eltern sein, Mitarbeiter sein, Arbeitgeber sein und so weiter, gibt es in jedem von uns etwas Besonderes. Etwas, das uns einzigartig macht. Und dieses »Besondere« ist immer da, selbst wenn es in unseren Rollen nicht oder nur manchmal zum Vorschein kommt.

Daher sollten wir uns mit Leichtigkeit und Neugierde mit dieser Frage beschäftigen und herausfinden, wo wir wirklich besonders sind. Und das sollten wir leben. Denn wir werden immer in irgendeiner Weise begrenzt leben, wenn wir nicht das in unser Leben holen, was zu uns gehört. Dabei ist es einfach. Wir brauchen nur aufmerksam zu sein und in uns hineinspüren, was uns im Leben guttut und wo es uns hinzieht. Schritt für Schritt lenken wir unser Leben dann in die Richtung, die für uns und unsere Besonderheit bestimmt ist.

Sei also aufmerksam und finde deinen Zweck im Leben – er wird dich beruhigen, weil du das lebst, was zu dir gehört.

Stelle dich deiner Angst und sie wird an Kraft verlieren

Angst ist ein mächtiges Gefühl. Angst lähmt uns bis zur Starre oder setzt unheimliche, zerstörerische Energie frei. Und es gibt Ängste, gegen die wir machtlos sind. Angst vor Krieg oder Schmerz oder die Angst um unser Leben sind so tief in uns verankert, dass wir nur sehr schwer etwas daran ändern können.

Doch es gibt noch eine andere Art von Angst, eine, die unser alltägliches Leben bestimmt. Man könnte sie auch »Erwartungsangst« nennen. Wir unterlassen etwas, weil wir erwarten, dass es unangenehme Folgen haben wird. Wir trauen uns nicht, das zu tun, was wir wirklich wollen. Wir trauen uns nicht, jemanden einfach anzusprechen. Wir trauen uns nicht, unserem Chef die Meinung zu sagen. Und alles nur, weil wir unangenehme Folgen erwarten. Doch wie können wir das wissen, was passiert, wenn wir es nie ausprobieren? Die »Erwartungsangst« malt sich also Folgen für uns aus und zeigt uns damit deutlich, dass wir es lieber lassen sollten. Stell dich dieser Angst, denn sie ist nur eine Erwartung – die nicht eintreffen muss und oft unbegründet ist. Tue, was du wirklich willst. Sprich die Person an. Sag deinem Chef die Meinung. Was kann schlimmstenfalls passieren? Gute Chefs sind offen für Kritik, und wenn du an einen schlechten Chef geraten bist, dann wird das Schlimmste lediglich ein Abblocken deiner Kritik sein. Und was ist schon dabei? Nichts.

Im ZEN lernen wir, keine Erwartung zu haben und somit auch keine »Erwartungsangst«. Im Zustand der Entspannung lassen wir den Gedanken, was alles passieren könnte, gar nicht erst zu. Und wenn er doch kommt, lassen wir ihn vorbeiziehen, ohne den Gedanken weiter zu bewerten.

Atme tief ein und aus und stell dich deiner Angst – du wirst bemerken, dass sie ihre Kraft verliert und du mit jeder neuen Erfahrung mutiger wirst.

Bleibe fit
und du erreichst deine Ziele

Unser Körper ist ein Wunderwerk. Er macht es uns möglich, Leistung zu erbringen, um unsere Ziele zu erreichen. Wir brauchen unseren Körper und unser Körper braucht uns! Auch wenn unser Körper uns ständig Signale sendet, was er braucht und was nicht, so ist er doch auf unser Verhalten angewiesen. Ernähren wir uns ungesund, kann unser Körper nur Energie aus Ungesundem schöpfen. Machen wir keinen Sport, verlernt unser Körper, zwischen Anspannung und Entspannung hin- und herzuschalten. Schlafen wir zu wenig, so fehlt unserem Körper die wichtige Regenerationszeit. Treffen wir uns nicht mit Freunden, fehlt uns der so wichtige soziale Austausch.

Wir können nur Leistung erbringen, wenn wir fit sind. Dafür müssen wir nicht zum Spitzensportler werden, der jeden Tag ein paar Stunden trainiert und sich nach komplizierten Essensplänen ernährt.

Es geht viel einfacher. Wir müssen genauer, aufmerksamer auf unseren Körper und seine Signale hören.

Im ZEN entwickelt sich diese Aufmerksamkeit durch die tägliche Meditation. Dadurch wird der Geist ruhiger und wir werden sensibler für die Körpersignale. Oft halten uns die unruhigen Gedanken davon ab, fit zu bleiben. Sie sagen uns, dass wir endlich anfangen sollten mit gesünderer Ernährung und auch etwas Sport. Das erzeugt Stress und Anspannung. Diese Anspannung ist eine schlechte Voraussetzung, um mit einer Veränderung zu beginnen. Und deswegen lernen wir im ZEN Entspannung zuerst. Und wir denken nicht an eine Veränderung, wir tun es einfach. Denn nur durch das Tun verändert sich etwas – nicht durch die Gedanken daran.

Tue es einfach. Bleibe fit – und du wirst deine Ziele erreichen.

Finde deinen Herztraum –
es ist dein Weg zum Glück

Entweder sind wir Träumer oder wir haben es verlernt zu träumen. Träume finden entweder in der
Nacht oder mitten am Tag statt. Wenn wir tagsüber
unsere Gedanken abschweifen lassen und unseren
Wünschen und Sehnsüchten nachgehen, dann ist
das auch Träumen.

Doch welchen Traum träumen wir da eigentlich?
Ist es wirklich unser Traum oder der Traum von
jemand anderem?

In unserer heutigen Welt werden wir ständig mit
Informationen konfrontiert, die wir oft gar nicht
hören oder sehen wollen, denen wir uns aber nicht
entziehen können. Und so ist es nicht verwunderlich, dass wir dadurch häufig Träume von anderen
träumen. Wir würden gern so sein wie die Person
in der Werbung. Wir würden gern dasselbe machen
wie jene Person in der Zeitung. Wir würden gern
das verdienen, was die Person aus den Nachrichten
verdient.

Es ist herausfordernd, *unseren* Herztraum zu finden, wenn der Geist ständig beschäftigt ist, sich mit anderen zu vergleichen. Doch es geht beim Herztraum nicht darum, das zu erreichen, was andere erreicht haben oder besitzen. Es geht beim Herztraum darum, für sich das zu finden, was wirklich zu einem gehört. Das zu finden, was das Herz glücklich macht. Das zu finden, was mich als Mensch vollständig macht. Das fehlende Teil im Puzzle. Und dieses fehlende Teil kann mir niemand anderes vermitteln. Ich kann es mir nur selbst geben.

Der Herztraum ist also das Wichtigste, was ich für mich tun kann. Ich sollte mir nicht nur erlauben, ihn zu träumen, sondern auch daran arbeiten, ihn zu erfüllen.

Oft ist der Herztraum nichts Materielles, sondern eine Eigenschaft. Eine Eigenschaft, die wir uns aneignen oder die wir ablegen möchten. Das ist bei jedem anders. Aber sobald wir dies getan haben, vervollständigt sich unser Puzzle mit einem noch fehlenden Teil und wir sehen und fühlen uns immer mehr als Ganzes.

Finde also deinen Herztraum – und der Weg zum Glück steht dir offen.

Träume größer und deine Ergebnisse werden größer

Wir sollten alle große Träume haben, auch wenn sich diese nicht immer erfüllen. Denn große Träume lenken unser Leben. Angenommen, dein großer Traum ist es, Schriftsteller zu werden. Wenn es ein wirklich ernster Traum für dich ist, dann wirst du daran glauben und etwas unternehmen, diesem Traum näher zu kommen.

Wenn du allerdings deinen Traum von vornherein klein machst oder ihn gar nicht träumst, wird sich in deinem Leben auch nichts ändern. Wenn du dir sagst, dass du es sowieso nie schaffen wirst, ein Buch zu schreiben, dann wird es auch so kommen. Denn wenn wir selber nicht an uns und unseren Traum glauben, entwickelt sich auch nicht die Energie, die wir benötigen, um den Traum umzusetzen.

Denn jede Veränderung beginnt mit dem Glauben und der Überzeugung, dass der Traum wahr werden kann. Darum brauchen wir große Träume und

Visionen, an denen wir uns orientieren können, um die entsprechenden Veränderungen anzustoßen. Wir brauchen den Glauben und die Energie, die sich daraus ergeben. Selbst wenn nur ein Teil des großen Traumes in Erfüllung geht, ist das Ergebnis größer, als wenn wir nie angefangen hätten zu träumen.

Träume also größer – und deine Ergebnisse werden größer.

Sprich klarer –
es vermehrt dein
Selbstwertgefühl

Sprache ist das wichtigste Instrument, uns mit anderen Menschen zu verständigen. Doch viele Menschen sagen nicht, was sie denken. Vielleicht weil sie sich nicht trauen oder weil sie denken, dass sowieso niemand hören will, was sie zu sagen haben. Wenn sie dann doch einmal etwas sagen, wird es vielleicht überhört. Das ist nicht gut. Denn jeder hat etwas zu sagen. Jeder hat Ideen, die es wert sind, diskutiert zu werden.

Beobachte dich einmal beim Sprechen. Sprichst du laut oder eher leise? Sprichst du deutlich und klar oder eher ohne Zusammenhang? Atmest du flach und schnell oder tief und langsam? Machst du Pausen oder sprichst du in einem Stück?

Die größten Missverständnisse entstehen durch unklare Kommunikation. Es ist also gut, wenn wir uns damit beschäftigen, wie wir Dinge sagen. Welche Worte wir wählen. Welche Tonlage. Welche Mimik.

Es geht nicht darum, dass wir die Professionalität eines Schauspielers oder Sprechers erreichen. Es geht darum, dass wir das, was wir sagen wollen, gut und verständlich ausdrücken können.

Sprich also klar und, wenn nötig, auch lauter, und du wirst merken, wie sich dein Selbstwertgefühl vermehrt.

Gehe aufrecht
und du fühlst dich besser

Der Körper ist Ausdruck unserer inneren Haltung. Oft merken wir nicht, wenn wir gebeugt gehen. Diese Haltung hat sich im Laufe der Zeit eingeschlichen. Wenn uns keiner darauf hinweist, dann bleiben wir ein Leben lang bei dieser Haltung.

Im ZEN ist die Gehmeditation eine feste Größe. Man geht barfuß sehr langsam auf und ab oder im Kreis und konzentriert sich auf alles, was man am Boden wahrnimmt. Das Aufsetzen des Fußes auf den Boden, das Anheben der Ferse, das langsame Abrollen über den Ballen und die Zehen, bis der Fuß sich vom Boden löst, um einen Schritt weiter vorn wieder auf diesem aufzukommen. Dies passiert mit höchster Achtsamkeit. Doch die Gehmeditation beschränkt sich nicht auf das Wahrnehmen der Empfindungen am Fuß – es umfasst den ganzen Körper. Man achtet auf eine gerade Körperhaltung, wie sich die Hüfte beim Gehen bewegt, wie die Schultern stehen und natürlich auch auf die

Position des Kopfes. Es ist eine bewusste, ganzkör-
perliche Wahrnehmung bei völliger Entspannung.
Beginne damit, aufrechter zu gehen. Erst ein paar
Sekunden, dann ein paar Minuten. Atme während-
dessen entspannt und langsam. Du wirst bei jedem
bewussten aufrechten Gehen merken, dass sich deine innere Haltung ändert. Du fühlst dich besser.
Wahrscheinlich wirst du nach einiger Zeit wieder
in deine alte Haltung zurückfallen. Das ist in Ordnung, denn du hast es bemerkt und kannst es jetzt
wieder ändern. Dieser Prozess dauert ein wenig,
aber er ist es wert. Denn je öfter du aufrecht gehst,
desto besser wirst du dich fühlen.

Lerne, Wörter vorbeiziehen zu lassen und du wirst stärker

Gespräche und Wörter sind für uns von immenser Bedeutung, denn als Menschen brauchen wir den Dialog mit anderen Menschen, um uns weiterzuentwickeln. Aber nicht alle Wörter sind gut und wichtig für uns. Wenn zum Beispiel jemand Dinge sagt, die dich verletzen, lass diese nicht an dich heran. Weiche ihnen aus. Lass verletzende Wörter an dir vorbei ins Leere laufen. Lass sie nicht »in dich« hinein. Denn dort arbeiten sie und werden in dir – nicht im Körper des anderen – Ärger und Wut erzeugen.

Stelle dir bildlich vor, wie Wörter auf dich zufliegen und du einfach eine Ausweichbewegung machst – als ob du einem Schlag ausweichst – und dadurch die Wörter an dir vorbeifliegen. Es ist die einfachste Art, nicht unnötig Energie zu verschwenden. Denn du musst nicht auf alle Wörter reagieren. Es ist in Ordnung, sich einfach nicht mit ihnen zu beschäftigen. Denn der Sender der Wörter möchte bewusst oder unbewusst eine Reaktion bei dir erzeugen. Und manchmal ist die beste Reaktion, nicht zu reagieren.

Lass also Wörter an dir vorbeiziehen, die nichts mit dir zu tun haben, und du wirst stärker.

Iss bewusst
und du lebst gesünder

Essen zählt zu den Tätigkeiten in unserem Leben, die wir am häufigsten tun. Unsere Tage sind eingeteilt in Essenszeiten. Zwei- bis dreimal pro Tag nehmen wir uns Zeit für das Essen. Doch nehmen wir uns wirklich Zeit dafür? Meistens essen wir schnell, kauen zu wenig und haben danach ein Völlegefühl. Fast immer unterhalten wir uns beim Essen, sodass die Aufmerksamkeit eher bei der Unterhaltung ist, als beim Essen selbst.

Im ZEN isst man langsam und meist schweigend. Dabei werden nach jedem Bissen Messer und Gabel wieder auf den Tisch gelegt, man konzentriert sich auf das Kauen und den Geschmack. Es ist am Anfang etwas ungewohnt.

Noch ungewöhnlicher im westlichen Kulturkreis ist das Schweigen beim Essen. Denken wir nur einmal an Italien – was da alles gesprochen wird beim Essen! Oder wenn Kinder am Tisch sind, ist Schweigen fast unnatürlich.

Wir brauchen die eigene Kultur nicht zu ändern. Doch wir können etwas aus dem ZEN übernehmen und in unser Leben integrieren. Und deswegen: Probiere es einfach für ein paar Tage! Iss bewusster und schweigend. Du wirst die positive Wirkung sehr schnell wahrnehmen und dann kannst du entscheiden, wie du in Zukunft essen möchtest. Vielleicht integrierst du kurze bewusste Momenten, wo die ganze Familie innehält. Oder du versuchst einmal im Monat ein schweigendes Abendessen. Egal, was du in dein Leben übernimmst. Es ist immer eine Bereicherung.

Iss also bewusst – und du wirst gesünder leben.

Lebe im Jetzt,
um tiefe Momente zu spüren

Im ZEN zielen fast alle Übungen darauf, sich nicht von den Gedanken in die Zukunft oder in die Vergangenheit tragen zu lassen. Sobald unsere Gedanken das tun, folgen ihnen Körper und Geist. Und so wird aus einem einfachen Gedanken, wie zum Beispiel der allgemeinen Sorge über die Zukunft, ein dauerhafter Zustand. Wir beginnen, uns wirklich Sorgen zu machen, und geraten in Stress. Und so verbringen wir immer mehr Zeit in diesem angespannten Zustand, obwohl wir nicht wissen können, was die Zukunft bringen wird.

Selbstverständlich brauchen wir Zeiten, in denen wir unsere Zukunft planen. Doch wenn dieser Plan beendet ist, haben wir keinen Vorteil, ständig weiter an die Zukunft zu denken. Es ist genug, wenn wir hin und wieder diesen Plan überprüfen und gegebenenfalls anpassen. Dann aber sollten wir nicht mehr daran denken.

Denn Momente werden dann gelebt, wenn wir sie voll und ganz auskosten. Wenn wir uns auf diesen Moment einlassen. Wenn wir uns zum Beispiel mit Kindern beschäftigen, sollten wir uns nicht durch Gedanken an die Arbeit ablenken lassen. Wir sollten uns voll und ganz auf die Zeit mit den Kindern einlassen. Genauso ist es in einer Arbeit. Wenn wir an einer Sache dran sind, können wir uns nur tiefer und detaillierter damit beschäftigen, wenn wir uns nicht ablenken lassen. Die Tiefe, also die Intensität, eines jeden Momentes hängt damit zusammen, dass wir uns voll und ganz auf das einlassen, was gerade ist.

Lebe also im Jetzt – und du wirst die Tiefe der Momente spüren und genießen lernen.

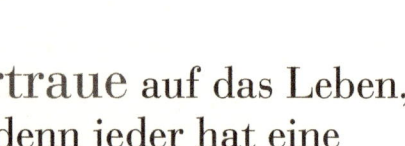

Vertraue auf das Leben, denn jeder hat eine Bestimmung

Oft fühlen wir uns vom Leben überfordert. Manchmal schickt uns das Leben zu viele Dinge auf einmal und manchmal bewegt sich scheinbar gar nichts. Beides lässt uns in einer Art Nebel stehen und wir können den weiteren Weg nicht erkennen. Wir fühlen uns verloren.

Gerate nicht in Panik und nimm es so, wie es ist. Mache die Dinge, die zu tun sind, und übe dich in Geduld. Es macht keinen Sinn, hektisch zu werden und in irgendeine Richtung zu gehen, damit man durch diesen Nebel hindurchkommt. Denn damit erhöht sich die Chance, dass du dich an einer Stelle wiederfindest, wo du gar nicht hinwolltest.

Angenommen, du suchst einen neuen Job und du hast schon einige Angebote erhalten – doch irgendwie ist noch nicht das Richtige dabei. Bewahre Ruhe und schaue weiter. Genauso ist es mit den anderen Entscheidungen. Vielleicht steht bei dir eine Entscheidung in deiner Beziehung an. Oder du möchtest etwas Größeres kaufen. Überstürze nichts. Du wirst spüren, wann etwas richtig ist. Denn der Nebel löst sich bei jedem zu seiner Zeit auf und dann wird der Weg sichtbar, der für einen bestimmt ist. Vertraue also auf das Leben – dann wird sich deine Bestimmung zeigen.

Besitze weniger Dinge und du wirst mehr Zeit haben

Alles, was wir besitzen, besitzt uns. Es beschäftigt uns, da wir es verwalten, reparieren, waschen oder pflegen müssen. Je mehr Dinge wir besitzen, umso mehr Zeit müssen wir für diese Dinge aufwenden. Und so machen uns zu viele Dinge träge und schwerfällig und wir bekommen das Gefühl, aus diesem Kreislauf nicht herauszukommen.

Ein einfaches Beispiel, dass wir zu viel besitzen, ist der Blick in unsere Lager außerhalb der Wohnung. Das kann der Keller oder auch der Dachboden sein. Dort lagert unser Leben und all die Dinge, von denen wir denken, dass wir sie irgendwann noch einmal benötigen. Aber natürlich brauchen wir nichts mehr oder nur einen geringen Teil davon. Wir wissen das, trotzdem können wir uns nur sehr schwer davon trennen – obwohl wir es sollten. Denn es ist nur eine Frage der Zeit, wann diese Dinge verschenkt, verkauft oder ganz einfach entsorgt werden. Je früher das passiert, desto schneller fühlen wir uns freier.

Nimm dir einmal Zeit und entledige dich aller Dinge, die du nicht mehr brauchst. Reduziere dich auf die wirklich wichtigen Dinge in deinem Leben und du wirst sehr schnell eine neue Freiheit spüren. Die Leichtigkeit, wenn man weniger besitzt. Wenn man weniger ordnen muss. Wenn man weniger waschen muss. Wenn man weniger konsumieren muss. Wenn man weniger verwalten muss.

Die buddhistischen Mönche besitzen ein Gewand, ein Leibchen und eine Schale für Reis. Mehr nicht. Dadurch sind sie keine Sklaven ihrer Besitztümer und haben die Zeit, sich voll und ganz auf sich und die Lehre des Buddha zu konzentrieren.

Besitze also weniger Dinge – und du wirst mehr Zeit haben und dich freier fühlen.

Übe Kurzmeditation –
es macht dich gelassener

In allen fernöstlichen Schulen und Religionen wie Buddhismus, Yoga, ZEN, Tai-Chi, Qigong, Ayurveda und so weiter spielt Meditation eine zentrale Rolle. Doch oft haben wir in unserem Alltag nicht die Zeit, eine dieser Methoden zu erlernen und täglich zu praktizieren. Das müssen wir auch nicht. Denn jeder kann eine Kurzmeditation erlernen, ohne sich irgendeiner Schule oder Glaubensrichtung anschließen zu müssen. Denn alle Arten von Meditationen haben eines gemeinsam: die Atmung.

Mit der Atmung entsteht und endet Leben. Mit dem ersten Atemzug nach unserer Geburt beginnt unser Leben und damit die wohl spannendste menschliche Reise. Und egal, welcher Religion wir folgen oder woran wir glauben: Mit dem letzten Atemzug endet unsere Reise auf der Erde und unser Leben. Das Atmen ist ein Leben lang unser Taktgeber. Und genau hier setzen fernöstliche Methoden an. Am

Takt unserer Atmung. Denn je ausgeglichener wir sind, desto langsamer wird unser Atemtakt.

Setze dich auf einen Stuhl und mache nichts anderes, als zu atmen und dabei den Takt zu verlangsamen. Mache dies, wann immer du die Möglichkeit dazu hast und die Lust dazu verspürst. Mache es, solange es dir Spaß macht. Das können nur fünf Atemzüge sein, es können ein oder zwei Minuten sein. Ganz egal, wie lange du so atmest – es ist eine Kurzmeditation und wird dich gelassener machen.

Praktiziere deine Meditation
und du wirst stärker

ZEN ist ohne Sitzmeditation nicht denkbar. Diese Sitzmeditation nennt sich »zazen« und bedeutet ruhiges Sitzen in Stille auf einem Kissen im Lotussitz oder Halblotussitz. Die Hände liegen dabei auf der Höhe des Bauchnabels und die Daumenspitzen berühren sich leicht, sodass sie eine gerade Linie ergeben. Bewegen sich die Daumenspitzen nach vorne oder verkrampfen, ist das ein Zeichen von Unkonzentriertheit. Damit haben Meister und Schüler eine wichtige »Kontrolle« über ihre Meditation.

Fast immer wird in der Gruppe mit einem Meister meditiert. Je nach ZEN-Schule sitzen die Meditierenden im Kreis zueinander gerichtet (rinzai-shū) oder in einer Reihe an die Wand gerichtet (soto-shū). In einem ZEN-Kloster ist es durchaus normal, dass man »zazen« täglich mehrere Stunden praktiziert. Durch das tägliche Üben wird man besser im Meditieren und kommt schneller in einen tieferen Zustand der Meditation, kann dadurch immer besser seine Gedanken beruhigen und ohne Bewertung vorbeiziehen lassen. Denn egal, welche Art von Meditation wir üben, es geht immer um das Beruhigen unserer Gedanken. Und wie bei einem Instrument, das wir immer besser spielen können, je öfter wir üben, werden wir bei täglicher Meditation besser darin, unsere Gedanken zu beruhigen und unseren Körper bewusster wahrzunehmen.

Doch sollen wir täglich Stunden meditieren? Wenn ich ganz ehrlich bin, kenne ich keinen, der das außerhalb eines Klosters oder eines längeren ZEN-Kurses schafft. Doch wir sollten uns die Erfahrung einmal erlauben. Denn ein intensiver ZEN-Kurs ermöglicht uns eine bleibende Erfahrung. Wenn du also die Chance hast, ZEN-Meditation einmal intensiv auszuprobieren, mach es. Auch wenn danach klar ist, dass es nicht deine Art der Meditation ist. Diese Erfahrung wird dir die Grundlagen beibringen, mit denen du deine ganz eigene Meditation finden kannst. Eine Meditation, die in dein Leben passt. Und diese Art von Meditation solltest du täglich praktizieren, und zwar so lange, wie dein Alltag es erlaubt.

Praktiziere also deine Meditation als Ritual in deinem Alltag – und du wirst stärker werden.

Erkenne den richtigen Zeitpunkt und Dinge werden funktionieren

Viele Menschen haben großartige Ideen. Und das ist gut so. Und einige Menschen möchten diese Ideen auch umsetzen und zum Leben erwecken. Vielleicht ist es ein Produkt oder eine Dienstleistung oder einfach eine persönliche Veränderung.

Das Schöne an Ideen ist, dass sie irgendwann plötzlich auftauchen und man sich fragt, warum man noch nicht früher auf sie gekommen ist. Ideen sind also spontane Einfälle. Sie kommen unverhofft.

Die Umsetzung einer Idee ist weniger spontan. Sie braucht einen Plan und den richtigen Zeitpunkt. Unser Alltag ist ein Kreislauf, der sich ständig wiederholt. Und in diesen Kreislauf muss man zum richtigen Zeitpunkt die Idee einbringen.

Bei Pflanzen muss ich die Saat lange gesät haben, damit im Frühling die Blüte beginnen kann. Habe ich die Saatzeit verpasst, wird die Pflanze nicht blühen.

Oder angenommen, du möchtest ein Buch schreiben oder mit einem neuen Hobby beginnen. Die
Idee alleine wird deinen täglichen Kreislauf nicht
stoppen. Du musst dir also Lücken suchen und
schaffen, um deine Idee zu verwirklichen.
Erkenne also den richtigen Zeitpunkt – und es wird
funktionieren.

Feiere Misserfolge,
denn sie bringen dich weiter

Bleibe nicht an Dingen hängen, die aus deiner Sicht schiefgegangen sind. Jeder Misserfolg hat etwas Positives. Denn hin und wieder sind wir so sehr mit einer Aufgabe oder dem Erreichen eines Zieles beschäftigt, dass wir uns selber Scheuklappen aufsetzen. Diese bewirken, dass wir den Blick für das Ganze und auch für uns selbst verlieren. Und das kann ein Grund für einen Misserfolg sein.

In Wirklichkeit ist Misserfolg die Vorstufe zum Erfolg. Fast alle großen Erfolge wären ohne Misserfolge nicht möglich gewesen. Und somit ist jeder Misserfolg eine große Möglichkeit, Fehler zu erkennen und in Zukunft zu vermeiden. Es ist auch eine hervorragende Möglichkeit zum Prüfen, ob du überhaupt das Richtige tust. Denn ein Misserfolg ist entweder das Fehlen von Wissen und Klarheit, WIE ich etwas umsetze. Oder das, was ich tue, ist einfach nicht das Richtige für mich. Dies merkt man, wenn man lange Zeit mit ein und derselben

Sache auf der Stelle tritt. Wenn dies bei dir der Fall ist, solltest du dich in einer ehrlichen Reflexion prüfen, ob du unbewusst gar nicht willst, was du gerade tust. Dies ist eine sehr wichtige Erkenntnis für Erfolg. Und je früher du das merkst, umso schneller kannst du mit deiner authentischen Geschichte anfangen, also mit dem, was wirklich in dir steckt. Denn es wäre ein großer Misserfolg, wenn du den Weg weitergehst, der nicht für dich bestimmt ist. Denn welcher Erfolg wäre es, wenn du etwas erreichst, was nicht zu dir gehört.

Feiere also deine Misserfolge – denn sie bringen dich weiter auf deinem authentischen Weg.

Liebe bedingungslos,
es ist die Kraft des Herzens

Liebe ist bedingungslos. Wenn wir Liebe an etwas knüpfen, dann ist es nicht Liebe, sondern ein Geschäft. Wenn wir Liebe bewerten, dann ist es nicht Liebe, sondern ein Geschäft. Auch wenn die Grenzen manchmal unscharf sind – Liebe ist bedingungslos.

Welche Mutter würde ihre Liebe zu ihrem Kind an Bedingungen knüpfen. Welcher Mensch würde nicht gern bedingungslos lieben können. Es ist eine Herausforderung – und gleichzeitig eine Selbstverständlichkeit. Nichts scheint so kompliziert, wie bedingungslos zu lieben – und doch bleibt es die einzige Sprache des Herzens.

Versuche, diese Sprache des Herzens, sooft es geht, zu sprechen. Betrachte deine Familie, deine Freunde, deine Kollegen und achte darauf, was euch verbindet. Ist es ein Geschäft oder ist es Liebe?

Liebe bedingungslos – denn es ist die Kraft des Herzens.

Bleibe immer neugierig
und du bleibst lebendig

Alle Kinder sind neugierig. Sie möchten entdecken, lernen, ausprobieren, erfahren. Und diese Neugierde können wir in ihren leuchtenden Augen sehen. Dieses Leuchten geht auf dem Weg zum Erwachsenwerden Schritt für Schritt verloren. Und wenn wir in die Augen von Erwachsenen schauen, dann sehen wir nur noch sehr selten ein Leuchten, wie wir es von Kindern kennen.

Je älter wir werden, umso mehr müssen wir unser Leben organisieren und gestalten. Dadurch entstehen immer mehr Strukturen, die wie sichernde, aber auch einschränkende Grenzen in unserem Lebensweg wirken. Und je länger wir auf diesem Weg gehen, desto eingeschränkter wird unser Blickfeld – und umso leerer werden unsere Augen.

Denn egal, in welchem Alter wir sind, unser Gehirn möchte immer wieder lernen und Neues ausprobieren. Es möchte gefordert werden und neue Gedanken denken. Allerdings weiß man aus der

Neurologie, dass das Gehirn dazu Energie benötigt. Denn ein neuer Gedanke schlängelt sich anders durch unsere Gehirnwindungen als Gedanken, die wir schon kennen. Es ist ein bisschen, wie einen neuen Weg einzuschlagen. Bekannte Denkmuster, die wir über Jahre hinweg immer wieder denken, haben sich in Autobahnen verwandelt, auf der sie sich sehr schnell und sehr oft bewegen können. Ein neuer Gedanke hat noch keine Autobahn. Wenn wir diesen das erste Mal denken, ist es, wie das erste Mal durch eine wilde Wiese oder ein wildes Waldstück zu gehen. Es gibt noch keinen Weg nach vorne und blickt man nach hinten, sieht man nur ein paar einzelne Fußstapfen. Doch genau diese Schritte durch Neuland ist Neugierde. Wir gehen einen neuen Weg und wissen nicht, wohin dieser führt und was es zu entdecken gibt.

Bleibe immer neugierig und entdecke neue Wege – und du wirst lebendig bleiben und leuchtende Augen bekommen.

Entscheide
und dein Leben wird einfacher

Wenn wir Entscheidungen vor uns herschieben, wird unser Leben immer komplizierter. Und wenn wir zu viele Entscheidungen herauszögern, sind wir wie ein Jongleur, der zu viele Bälle in der Luft halten muss. Auch wenn wir es für eine Zeit lang könnten, ist es leichter, mit zwei oder drei Bällen zu jonglieren als mit sieben oder acht. Und wenn ich mit zu vielen Bällen einen Fehler mache, fallen oft alle Bälle zu Boden – während beim Jonglieren mit nur drei Bällen die Chance sehr groß ist, das eben nur ein einziger zu Boden fällt.

Eine Entscheidung muss nicht bedeuten, dass wir sofort mit der Konsequenz rechnen müssen. Wir können entscheiden, etwas nicht mehr jetzt, sondern zu einem späteren Zeitpunkt zu machen. Du würdest also lediglich diesen Ball auf den Boden legen, um ihn zu einem besseren Zeitpunkt wieder aufzunehmen.

Eine Entscheidung kann aber auch Verzicht sein. Etwas, was nicht mehr zu uns gehört, sollten wir nicht »in der Luft halten«. Ob es nun unnütz gewordene Gegenstände sind, ausgelaufene Freundschaften oder überfällige Verpflichtungen, alte Verhaltens- oder Denkmuster. Entscheide, ob du auf einen solchen Ball verzichten und mit weniger Bällen einfacher jonglieren kannst.

Entscheide, welche Bälle du nicht mehr brauchst oder später wieder aufnehmen willst – und dein Leben wird einfacher werden.

Stehe für etwas – es steigert dein Selbstwertgefühl

Das Leben ist voller spannender Themen und Herausforderungen. Es gibt so viele Bereiche, in die man tiefer eindringen möchte, um sie besser zu verstehen. Aber wenn wir alles verstehen möchten, geraten wir in Stress, denn wir werden nie alles aufnehmen und verarbeiten können.

Mach es dir einfacher. Es ist in Ordnung, nicht alles zu wissen. Suche dir deine Bereiche, die dich wirklich interessieren. Eine Sache, die dir sehr am Herzen liegt, und beginne, dich mit diesem Thema ganzheitlich zu beschäftigen. Suche aus verschiedensten Quellen Informationen dazu und werde zum Experten deiner Sache. Als Experte wirst du ganz automatisch bekannter für deine Sache. Du sprichst über das Thema und begeisterst vielleicht auch andere für dein Herzensthema. Auf alle Fälle bist du im Austausch mit anderen Menschen, und diese nehmen dich als jemanden wahr, der sich in diesem Bereich auskennt und dann auch gerne dazu befragt wird.

Für mich ist es einfach. Mein Beruf hat mich immer erfüllt. Doch erst mit der Entscheidung, einsam als Mönch zu leben und Wege für ein glückliches Leben zu finden, verbinde ich Beruf und Berufung. Ich stehe dafür, Glück in der Einfachheit zu finden und es weiterzugeben. Und dabei hilft mir mein Garten mit seinen Pflanzen, den ich ohne meinen Beruf nicht hätte anlegen können. Die Leute kommen zu mir, weil ich genau dafür stehe.

Finde auch du den Bereich, für den du stehst – es wird dein Selbstwertgefühl steigern und dich mit Menschen verbinden, die sich ebenfalls für dein Thema interessieren.

Sage öfter Nein
und du wirst wachsen

Viele Menschen können nicht Nein sagen. Sie lassen sich überrumpeln und führen dann die Sachen aus, zu denen sie nicht Nein sagen konnten. Dabei hat Nein-Sagen nichts mit Egoismus zu tun. Ganz im Gegenteil. Wenn uns jemand mit Aufgaben beschäftigt, die er nicht selbst machen möchte, dann ist vielleicht der andere der Egoist, weil er Dinge weitergibt, mit denen er sich nicht selbst belasten möchte.

Sagt man Nein, setzt man Grenzen. Ein Limit, das nicht (mehr) überschritten werden darf. In vielen Fällen ist ein Nein wie eine »Überraschung«, die Bewegung in eingefahrene Abläufe bringt. Plötzlich sagt jemand Nein, der sonst immer Ja gesagt hat. Plötzlich muss man sich Gedanken über Grenzen machen, die vorher ständig, unbewusst oder bewusst, übergangen wurden.

Überdenke, was sich bei dir, im Privaten oder Beruflichen, wiederholt. Den Müll hinunterbringen, die Präsentation »noch kurz« fertigstellen, die Termine noch organisieren und bestätigen lassen, die selbstverständlichen Überstunden, anderen Personen den Rücken frei halten und so weiter. Ich höre so viele Dinge von meinen Besuchern und wundere mich, dass sie diese Dinge immer wieder tun, ohne einmal mit einem Nein zu unterbrechen, darauf aufmerksam zu machen oder einfach ganz damit aufzuhören.

Sage also öfter einmal Nein und richte deine Grenzen neu aus – und du wirst wachsen und dich gut dabei fühlen.

Iss weniger Fleisch –
es wird dir und der Welt guttun

Fleisch ist in aller Munde. Und immer mehr Nachrichten und Neuigkeiten zum Thema Fleisch erreichen die Menschen. So viele verschiedene Informationen, dass man gar nicht mehr weiß, was man
glauben soll. Aber das brauchen wir auch nicht,
denn die einzig wirklich richtige Messlatte ist unser
eigenes Empfinden. Daher benötigen wir Sensibilität für uns selbst. Mit dieser Sensibilität können
wir spüren, welche Nahrungsmittel uns guttun und
welche nicht.

Bevor ich Mönch wurde, habe ich Fleisch gegessen.
Meistens war das am Abend. Und für mich war
damals bereits bemerkbar, dass mich Fleisch zwar
satt machte, aber sich nicht gut anfühlte. Heute, als
Mönch, ist Nahrungsaufnahme ausschließlich zum
Stillen des Hungers da – nicht zum Genuss. Seit
vielen Jahren ernähre ich mich ausschließlich vege-
tarisch und nehme nach 14 Uhr keine feste Mahl-

zeit mehr zu mir. Dies reinigt meinen Körper und meinen Geist und schenkt mir sehr viel Energie, die sonst für die Verdauung verbraucht würde.

Diese Art der Ernährung ist in westlichen Ländern nicht sehr verbreitet. Trotzdem möchte ich dich dazu motivieren, es einfach einmal auszuprobieren. Iss einen Monat lang kein Fleisch und höre sensibel auf deinen Körper. Was signalisiert er dir? Vermisst er etwas oder kommt er auch ohne Fleisch gut oder gar besser aus?

Denn neben den rein körperlichen Aspekten ist für mich als Mönch noch ein anderer Aspekt äußerst wichtig. Die feinstoffliche Energie. Denn wenn wir Fleisch essen, müssen wir dafür Tiere töten. Das machen wir natürlich nicht selbst, es wird in großen Betrieben für uns gemacht. Doch es gibt viele Menschen, die diese feinstoffliche Energie des Leidens der Tiere wahrnehmen können. Und durch das Essen nehmen wir diese Energie in uns auf.

Iss also weniger Fleisch – und es wird dir und der Welt guttun.

Konzentriere dich auf eine Sache – es steigert deine Leistung

Während meiner Pflege im Garten gehe ich über die angelegten Wege von einer Pflanze zur anderen. Dabei meditiere ich im Gehen. Diese Art der Meditation ist im Zen bekannt als die Gehmeditation. Man geht barfuß langsam durch den Raum und die Umgebung und setzt einen Fuß vor den anderen. Dies passiert sehr langsam. Ein einziger Schritt kann dabei 30 Sekunden dauern. Während dieser Gehmeditation sind unsere Gedanken ausschließlich auf die Erlebnisse an den Füssen gerichtet. Wir denken an nichts anderes. Dabei beruhigen sich die Gedanken und fokussieren auf eine Sache.

Wenn ich gehe, gehe ich. Wenn ich Blumen schneide, schneide ich. Wenn ich zur nächsten Blume gehe, gehe ich. Wenn ich sitze, sitze ich. Wenn ich esse, esse ich. Das ist der ZEN-Geist der Konzentration auf eine Sache.

Fast immer bin ich überrascht, wie viel ich im Garten geschafft habe und vor allem, mit welcher Leichtigkeit. Es gab in keiner Sekunde Stress, sondern nur die Konzentration auf die jeweilige Sache. Konzentriere dich also auf eine Sache – und es wird deine Leistung steigern.

Feiere kleine Erfolge –
es sind die Bausteine
für großen Erfolg

Oft arbeiten wir an Dingen, bei denen wir nur Schritt für Schritt weiterkommen, und haben dann das Gefühl, nicht voranzukommen.

Blicke bei jedem Schritt, den du getan hast, zurück auf die Wegstrecke, die du vorangekommen bist. Denn jeder kleine Schritt ist ein Stück des gesamten Wegs. Alles entsteht durch kleine Schritte. Nichts entsteht sofort.

Als ich meinen eigenen Garten begann, war nichts vorhanden. Ich begann Schritt für Schritt. Erst die Planung, dann die Ausführung, dann das Abwarten, dann das weitere Ausführen. Es ist einfach nicht möglich, alle Schritte auf einmal zu tun. Doch genau das möchten wir Menschen. Alles soll schnell, möglichst sofort gehen. Dabei sehen wir nur das Ende – und nicht den Weg dorthin. Denn jede Strecke, die wir zum Ziel zurückgelegt haben, ist eine Leistung, die wir erbracht haben.

Und so habe ich jede Etappe mit einem kleinen Ritual gefeiert und bewusst wahrgenommen, dass ich meinem Ziel einen Schritt näher gekommen bin. Denn kein Ziel wird mit einem einzigen Schritt erreicht.

Feiere also kleine Erfolge – es sind die Bausteine für den großen Erfolg.

Gehe »offline«
und du wirst wieder ruhiger

Eines ist mir aus meinen Treffen mit unterschiedlichsten Menschen in meinem Garten besonders in Erinnerung. Die neue Technologie. Internet, Smartphones, soziale Netzwerke und was es so alles gibt. Unglaublich, wie diese Medien die Menschen beherrschen und steuern. Es ist derzeit die größte Fremdsteuerung, die es gibt, und wir lassen uns freiwillig darauf ein. Ich selber besitze ein einfaches Telefon, unter welchem ich nur an einem Tag in der Woche erreichbar bin. Dies ist für mein Leben mehr als genug, da ich nicht so viele Termine habe wie meine Gäste.

Doch ich bemerke während der Teezeremonie, dass die Gedanken der Gäste unruhig sind. Man kann förmlich spüren, dass sie gern einen Blick auf ihr Smartphone werfen möchten, welche allerdings am Eingang zum Garten abgelegt werden müssen, denn ab hier beginnt ein neuer Raum für die Besucher. Nach dem Ablegen und Innehalten durchwandern die Gäste den Gartenpfad als erste Reinigung von ihren alltäglichen Dingen und Gedanken. Nach Erreichen des Teehauses sitzen wir uns in Stille gegenüber und ich beginne mit der Zeremonie des Teezubereitens. In dieser Stille schwirren die Gedanken durch die Köpfe der Gäste. Manche denken, dass diese Zeremonie zu lange dauert, manche können nur schwer ruhig sitzen, manche können sich kaum auf diese eine Sache konzentrieren und manche fühlen sich ohne ihr Smartphone unvollständig. Andere wiederum würden gern sprechen, was aber während der Zeremonie nicht möglich ist. Es gibt aber auch einige, die sich voll und ganz auf die Stille und die ZEN-Zeremonie des Teetrinkens einlassen können. Die Energie, die man bei der Teezeremonie spüren kann, ist also äußerst unterschiedlich und abhängig von den einzelnen Personen. Am meisten nehme ich die Zerstreutheit durch die neue Technologie bei jüngeren Menschen wahr. Sie scheinen die Medien offensichtlich sehr viel mehr zu nutzen als ältere Menschen, und sie kommen dadurch einfach nicht oder nur sehr schwer zur Ruhe. Doch jeder Mensch braucht Ruhe und Stille, um sich zu ordnen und wieder Klarheit über sein Leben zu bekommen. Denn wie ein tosendes

Meer kein klares Wasser enthalten kann, so können wir durch ständige Ablenkung keine klaren Gedanken finden. Und wenn sich das Meer wieder beruhigt, beginnt das Wasser wieder klar zu werden.

Gehe also »offline« sooft du kannst – und du wirst ruhiger und deine Gedanken werden klarer.

Erkenne dein YIN und YANG und du fühlst dich zugehörig

Viele Menschen können nicht alleine sein, manche haben sogar Angst davor. Doch wie die Stille ist auch das Alleinsein etwas, das zum Leben dazugehört. Auch wenn wir Menschen verschieden sind, die einen geselliger, die anderen zurückhaltender, so sollten wir beides beherrschen. Alleinsein und in Gesellschaft sein. Denn bei YIN und YANG zeigt uns das bekannteste Symbol Taiji, in dem im weißen YIN ein schwarzer Punkt und im schwarzen YANG ein weißer Punkt ist, dass in uns zwei Kräfte wirken. Das Weiche und das Harte, das Aktive und das Ruhende, das Weibliche und das Männliche. Es ist unsere Aufgabe, im Leben zu lernen, zwischen beiden Kräften hin- und herzuwandern. Dann erst erleben wir Ganzheit. Wenn wir auf einer Seite bleiben, fehlt uns die andere.

In meiner Tätigkeit als Landschaftsgärtner überwog die aktive Seite, mein weißes YIN. Ich arbeitete oft zehn Stunden am Tag und hatte abends noch andere Verpflichtungen zu erfüllen. Mir fehlte die ruhende Phase, also mein schwarzes YANG. Mit der Entscheidung, mich aus dem Stadtleben zurück-zuziehen, konnte ich mehr Ruhe genießen und so wurde mein schwarzer YANG-Anteil größer. Doch nur als Einsiedlermönch in Stille zu leben, ganz ohne Arbeit oder Kontakt zur Außenwelt, hätte zur Folge gehabt, dass ich nur noch in der YANG-Ener-gie bin.

Und so arbeitete ich heute tagsüber in meinem Garten, empfange in unregelmäßigen Abständen Gäste zur Teezeremonie und zum Austausch und habe genügend Zeit, die Ruhe zu genießen und mich mit dem Leben zu beschäftigen. Es ist mein persönliches Gleichgewicht, in dem ich mich ganz und zugehörig fühle.

Finde also dein Gleichgewicht zwischen YIN und YANG und du wirst dich zugehörig fühlen.

Schlafe gut –
es fördert deine Gesundheit

Sehr viele Menschen haben heute Schlafprobleme. Sie können nicht einschlafen, weil sie an zu viele Dinge denken. Sie machen sich Sorgen, und sobald sie an diese denken, lassen sie sie nicht mehr einschlafen.

Hinzu kommt, dass sie oft noch kurz vor dem Zubettgehen ein paar organisatorische Dinge erledigen. Gäste erzählten mir, dass sie noch eine Antwort per Mail senden oder schnell einen Blick in ihre sozialen Netzwerke werfen oder kurz einen Termin in ihren Kalender eintragen möchten. All diese Tätigkeiten und die damit verbundenen Gedanken lassen uns unruhig schlafen.

Dabei gibt es viele Möglichkeiten, einschlafen und gesundes Schlafen zu fördern. Ein Buch lesen, Musik hören, Geräuschen lauschen, einen Tee trinken, meditieren, das Positive des Tages noch mal bewusst wahrnehmen. Ich selber meditiere jedes Mal vor dem Einschlafen. Es leert meinen Geist und beruhigt meinen Körper. Nichts hält mich dann noch vom Einschlafen ab. Ich denke nicht daran, was ich morgen alles zu tun habe. Es ist in Ordnung, wenn ich morgen darüber nachdenke. Jetzt ist Schlafenszeit. Jetzt ist der Zeitpunkt, vom Tun des Tages in das Ruhen der Nacht überzutreten.

Vermeide das Benutzen jeglicher Technik und jeden negativen Gedanken vor dem Zubettgehen, denn beides wird dich in der Nacht beschäftigen.

Probiere dich aus und versuche verschiedene Rituale umzur Ruhe zu kommen, bis du deines gefunden hast. Denn gesunder Schlaf ist das beste Mittel zu einem gesunden Leben.

Schlafe also gut – es fördert deine Gesundheit.

Sei dankbar
und Liebe kann wachsen

Dankbarkeit ist eine Eigenschaft, ein Gefühl oder auch eine Haltung, die wir in unserer schnelllebigen Zeit nicht mehr wahrnehmen beziehungsweise einnehmen. Wir nehmen vieles als selbstverständlich hin. Ganz selbstverständlich haben wir zu essen und zu trinken, ganz selbstverständlich scheint uns unsere Gesundheit, dass wir in Frieden und Wohlstand leben. Dies trifft natürlich nur auf einen Teil der Welt zu. Es gibt Menschen, denen geht es sehr viel schlechter. Und aus diesem Grund sollten wir wieder Dankbarkeit lernen und praktizieren. Denn es ist reiner Zufall, dass wir hier leben und nicht in einem anderen Teil der Erde.

Dass ich in meinem Garten sitzen darf, diese Zeilen schreiben kann, die als Buch in die Welt gehen und vielleicht dort jemanden berühren, ist nicht mein Verdienst. Es ist Glück, dass ich in Japan aufgewachsen bin, dass ich Zugang zu Bildung hatte, dass ich meinen Beruf selbst wählen konnte wie auch mein heutiges zurückgezogenes Leben. Für dieses Glück bin ich sehr dankbar und ich bin der Meinung, jeder Mensch, der ähnliche Privilegien genießt, sollte dankbar dafür sein.

Diese Dankbarkeit praktiziere ich täglich, indem ich jeden Morgen eine kleine Dankbarkeitsmeditation mache. Dabei schließe ich die Augen, vergesse alles um mich herum und danke dem Universum. Obwohl ich dabei im ZEN-Lotussitz auf der Veranda mit Blick Richtung Garten sitze und mich nicht bewege, ist es eine Verbeugung vor der Welt. Ich verbeuge mich aus Dankbarkeit für alles, was ich habe, und alles, was ich tun kann, und bitte dafür, dies niemals als selbstverständlich anzusehen. Es ist eine berührende, sich öffnende Meditation, bei der die Liebe zur Welt und zum Leben freigesetzt wird.

Überlege, wofür du dankbar sein kannst. Was ist es, das du als selbstverständlich und alltäglich ansiehst – es aber nicht ist. Begegne diesen Dingen mit bewusster Dankbarkeit. Überlege dir ein kleines Ritual, das in dein Leben passt. Vielleicht fragst du deine Familie oder deine Kinder am Essenstisch einmal, wofür sie dankbar sind? Vielleicht hältst du vor deinem ersten Schluck Tee oder Kaffee inne und machst eine innere Verbeugung – aus Dankbarkeit. Selbst wenn es schlecht läuft in unserem Leben, es gibt immer etwas, wofür wir dankbar sein können.

Sei also dankbar – und Liebe wird in dir und um dich herum wachsen.

Gib etwas zurück und dein Glück wird größer

Der Weg der Dankbarkeit ist eng mit dem Weg des Zurückgebens verwoben. Durch Dankbarkeit wird uns bewusst, wie gut es uns geht. Durch das Zurückgeben wirken wir ausgleichend in der Welt. Alle, die viel besitzen, sei es Reichtum, Bildung, Ämter, Positionen oder einfach einen guten Wohnort, können etwas zurückgeben. Eine Anhäufung von Besitztümern steht unserem Glück immer im Weg, wenn wir uns zu sehr mit dieser Anhäufung beschäftigen. Es ist nachvollziehbar, das wir unsere eigene Existenz und die unserer Familie sichern möchten. Doch irgendwie scheint es eine menschliche Eigenschaft zu sein, in der Anhäufung Sicherheit und Glück zu vermuten und zu suchen. Doch wir wissen, dass ein Zuviel von allem uns nicht wirklich glücklich macht.

Mir ging es immer gut. Ich war immer gesund und konnte mit meinem verdienten Geld mein Leben finanzieren. Es blieb sogar noch etwas über, um ein klein wenig zu sparen. Und obwohl es nicht viel war, was ich sparen konnte, spürte ich, dass ich in einer besonderen Situation war, weil ich überhaupt die Möglichkeit hatte, etwas zu sparen. Ich war und bin also privilegiert, obwohl ich alles andere als ein Mann mit viel Geld bin. Das wenige, das ich besitze, habe ich mir selbst erarbeitet und damit war ich glücklich. Doch ich wollte noch glücklicher werden – wurde es aber nicht, indem ich immer mehr Guthaben anhäufte. Ich spürte, dass ich etwas anderes tun, etwas zurückgeben musste. Doch es sollte nicht Geld sein. Natürlich kann man Geld spenden. Doch das ist eine andere Art des Zurück-gebens. Ich wollte etwas mehr zurückgeben. Etwas, was mit mir als Mensch, mit meiner Tätigkeit und mit meiner Zeit verbunden ist. Und so ist bei mir der starke Wunsch entstanden, Menschen auf einer anderen Ebene zu begegnen. Ich wollte einen Raum schaffen, in dem diese Begegnung möglich ist. Und so begann ich, in meiner Zurückgezogenheit diesen Raum zu schaffen. Einen Garten mit der Möglich-keit der Teezeremonie und des offenen Gespräches. Das ist mein Zurückgeben. Und ich bemerkte bei den ersten Gästen, wie diese Begegnungen – im Vergleich zur einsamen Zurückgezogenheit, die ich davor praktiziert hatte – mein Leben reicher machte, ja glücklicher. Doch nicht nur bei mir selber wurde das Glück größer. Bei den meisten Gästen konnte ich Dankbarkeit und Glück während unserer Begegnung spüren. Diese Begegnungen sind mein Zurückgeben geworden und sie machen mich glücklich. Ein Leben ohne diese Begegnungen könnte ich mir heute nicht mehr vorstellen.

Was kannst du von deinem Leben und deiner Zeit zurückgeben? Was – außer Geld – ist es bei dir? Gib etwas zurück – und dein Glück wird größer.

Freue dich über
deine Arbeit
und sie wird dir leicht fallen

Die Arbeit, die wir verrichten, nimmt einen sehr großen Teil in unserem Leben ein. Deswegen sollte sie uns Vergnügen bereiten und wir sollten uns immer auf sie freuen können. Bei jeder Arbeit gibt es Bereiche, die weniger Freude machen, vielleicht weil sie anstrengender sind, nicht unserem Talent entsprechen oder schlicht und ergreifend langweilen. Das sollte jedoch nichts daran ändern, dass wir mit unserer Arbeit grundsätzlich zufrieden und glücklich sind.

Und doch gibt es viele Menschen, die ihr Leben lang einer Tätigkeit nachgehen, die sie weder glücklich macht noch ihnen Freude bereitet. Wenn wir jeden Morgen widerwillig an unsere Arbeit gehen, sollten wir etwas ändern. Vielleicht ist es nicht die Arbeit selbst, sondern die Kollegen oder der Vorgesetzte. Vielleicht sind es auch die Kunden, die Empfänger unserer Arbeit, die den Widerwillen auslösen. Egal, was es ist: Ändere es. Ändere, was nötig ist, damit dir deine Arbeit wieder Vergnügen bereitet. Denn je länger wir in einer Tätigkeit verweilen, die uns unglücklich macht, umso unglücklicher werden wir auch außerhalb unserer Arbeit.

Zu meiner Zeit als Landschaftsgärtner hatte ich einen Kollegen, der immer unglücklich war, wenn er mit Blumen und Sträuchern arbeiten musste. Egal, ob es das Pflanzen, das Versetzen oder das Schneiden war. Man konnte spüren, dass es ihm keinen Spaß machte machte, was ungewöhnlich ist für einen Landschaftsgärtner. Doch seine Augen leuchteten, wenn er mit Steinen arbeitete. Steine sind ein wichtiges Element in japanischen Gärten, vor allem in ZEN-Gärten. Sobald er Steine verlegen, anordnen oder in Form bringen konnte, war er glücklich. Nicht nur, dass es im leichtfiel, seine Arbeit war auch besonders gut. Keiner konnte besser mit Steinen umgehen als er. Mit Steinen war er in seinem Element. Mit Steinen zu arbeiten war seine authentische Arbeit.

Überlege dir, welche Tätigkeit für dich authentisch ist. Welche Art von Arbeit geht dir leicht von der Hand und bringt fast von selbst ein sehr gutes Ergebnis. Dieser Tätigkeit solltest du nachgehen und keine weitere Zeit für Tätigkeiten verschwenden, die dir nicht entsprechen.

Freue dich über deine Arbeit – und sie wird dir nicht nur leichtfallen, sondern auch sehr gute Resultate bringen.

Suche Wahrheit
und du findest
Glück und Liebe

Wir beschäftigen uns in unserem Leben viel mit Unwahrheiten oder Halbwahrheiten. Nicht, dass wir das wirklich wollen – es ist einfach ein Resultat der ständig auf uns eintreffenden Dinge. Sie erreichen uns über viele Kanäle. Dabei ist nicht wichtig, *wie* sie uns erreichen, sondern *dass* sie uns erreichen. Und egal, wie groß deren Wahrheitsgehalt ist, sie sind fast immer eine Ablenkung oder eine Zerstreuung.

Wir werden nie die ganze Wahrheit über die Welt erfahren. Aber das ist auch nicht notwendig für unser Glück und unsere Liebe. Dazu brauchen wir nur Wahrheit von den Menschen, die uns wirklich nahestehen. Manchmal ist es nur ein einziger Mensch, der uns wirklich nahesteht. Bei manchen sind es mehrere. Doch deren Zahl ist immer begrenzt.

Deswegen ist es wichtig, in diesem engen Kreis nach Wahrheit zu suchen und für sie nachzufragen. Denn welches Leben leben wir, wenn wir im engsten Kreis nicht wahrhaftig sind. Wahrheit ist die Basis für Liebe und Glück.

Suche also die Wahrheit bei Menschen, die dir nahe sind – und du wirst Glück und Liebe finden.

Sei beharrlich –
für äußeren und inneren Erfolg

Bei meinen Treffen werde ich oft gefragt, wie man Veränderung schafft und Ziele erreicht. Obwohl es weder im ZEN noch in anderen Formen des Buddhismus dieses zu erreichende *Ziel* gibt – sondern der Weg dorthin das eigentlich Wichtige ist, kann ich diese Frage, speziell aus westlicher Sicht, sehr gut nachvollziehen. Die Menschen im Westen messen sich an dem, was sie an Sichtbarem und Materiellem geschaffen haben. In den östlichen Philosophien und Religionen zählt eher, was wir im Inneren erreicht haben, weniger, was im Äußeren.

Einmal war die Frau eines Geschäftsmannes bei mir, der seine gut laufende Firma noch erfolgreicher machen wollte. Er hatte neue Kunden gesucht und gefunden und mehr Leute eingestellt, seine Firma wurde tatsächlich immer größer. Er hatte seine gesamte Lebenszeit in seine Firma investiert und starb am Höhepunkt seines Firmenerfolges an einem Herzinfarkt. Nichts spricht dagegen, ein erfolgreiches Unternehmen aufzubauen. Wir sollten nur nicht vergessen, dass der innere Erfolg ebenfalls unsere Aufmerksamkeit und Zeit benötigt. Seine Frau sagte mir, dass er sich nach dem Verkauf der Firma um seinen inneren Erfolg, kümmern wollte – aber leider ist er zuvor verstorben.

Beides, äußerer und innerer Erfolg benötigen Beharrlichkeit. Mit Gewalt und mit Konsequenz werden wir weder das eine noch das andere schaffen. Beharrlichkeit ist eine Einstellung, die wir in unserem Leben brauchen. Denn oft überrascht uns das Leben mit Aufgaben, die nicht einfach zu erledigen sind, die unsere ganze Aufmerksamkeit erfordern und bei denen wir unsere eigenen Ziele zurückstecken müssen. Beharrlichkeit gibt uns für diese Aufgaben genau die richtige Beweglichkeit. Wir behalten unser Ziel im Auge, obwohl wir uns eine Zeit lang mit etwas anderem beschäftigen. Doch sobald wir wieder Zeit haben, nehmen wir die gelegte Fährte wieder auf und gehen beharrlich ein Stück weiter in Richtung Ziel.

Vielleicht möchtest du meditieren lernen. Sei beharrlich. Mache einen Kurs, probiere es, integriere es in deinen Alltag, so gut es geht, verliere es und nimm es wieder auf. Solange du es nicht ganz aus deinem Leben verbannst, wirst du mit Beharrlichkeit weiterkommen.

Oder du möchtest ein Buch schreiben. Sei beharrlich. Schreibe, recherchiere, probiere dich aus, schreibe weiter, leg es eine Weile weg und nimm das Schreiben wieder auf. So kommst du weiter.

Vielleicht möchtest du deine Ernährung umstellen. Sei beharrlich. Sammle Informationen, bereite die ersten neuen Gerichte zu, verändere deine Essgewohnheit, spüre die Veränderung, lasse das Neue los und komme wieder zurück. So wirst du mit Beharrlichkeit irgendwann deine Ernährung ganz umgestellt haben.

Sei beharrlich – und du wirst äußeren und inneren Erfolg haben.

Sei stolz –
es macht dich größer

Wir alle haben etwas im Leben erreicht, auf das wir stolz sein können. Es gibt so viel. Eine gute Note, die geschaffte Schule, das abgeschlossene Studium, ein beendetes Projekt, angebotene Hilfe, die großgezogenen Kinder. Kleine oder große Veränderungen wurden umgesetzt, kleine und große Entscheidungen getroffen und so weiter.

Doch wir Menschen schauen zu oft auf das, was wir (noch) nicht erreicht haben. Wir blicken immer nur nach vorne, weil das Leben Richtung Zukunft gelebt wird. Wenn wir jedoch nur in die Zukunft schauen, wird die Vergangenheit klein gemacht. Doch die Vergangenheit ist unsere Lebensschule für die Zukunft. Und so hilft es uns, wenn wir uns manchmal umdrehen und auf das schauen, was wir bereits geschafft haben, und stolz darauf sind.

Es kam einmal ein Mann zu mir, der schon viel in seinem Leben erreicht hatte und trotzdem unglücklich war. Warum? Er blickte ausschließlich in

die Zukunft und was er dort noch erreichen wollte – als ob es seine Vergangenheit nie gegeben hätte. Doch unsere Vergangenheit gehört zu unserem
Leben, sie ist ein Teil von uns und wir können sie
nicht einfach »löschen«. Wir gestalten mit unserer
Vergangenheit – mit den guten und schlechten Erfahrungen – unsere Zukunft. Und als er begann,
die Vergangenheit in sein Leben zu lassen, empfand
er Glück und Stolz. Er machte sich eine Liste und
bemerkte, dass es wirklich viel in seinem Leben
gab, worauf er stolz sein konnte – es sich aber nie
erlaubt hatte.

Sei also stolz auf das, was du geschafft hast – und
du wirst dich größer und glücklicher fühlen.

15 Wege, wie ich mit anderen umgehen kann

Höre richtig zu
und du wirst wirklich
verstehen

Oft antworten wir schon, bevor eine Frage fertig gestellt oder der Satz beendet wurde. Es ist eine wirklich hohe Kunst, den anderen ausreden zu lassen, und eine noch höhere, erst zu schweigen, das Gesagte richtig zu verstehen und dann zu antworten. Diese Kunst haben wir an die heutige schnelle Zeit verloren. Doch diese Kunst können wir wieder erlernen.

Denn das Innehalten, bevor wir reden oder antworten, ist die Zeit, in der Verständnis entsteht. In dieser kleinen Pause verarbeiten wir, dringt das Gesagte in uns ein und formiert sich mit unseren eigenen Erfahrungen zu einer Antwort, die auf Verstehen beruht.

Wenn wir sofort reden oder gar ins Wort fallen, fehlt uns diese Lücke. Unsere Antwort ist dann eine Antwort, die sich nur auf einen Teil der Aussage oder der Frage beziehen kann. Sie kann gar keine ganze

Antwort sein! Und diese »halben« Antworten sind oft der Grund, warum Missverständnisse entstehen. Nach der Teezeremonie in meinem Garten führe ich die Besucher immer in einen anderen Raum, um mich mit ihnen zu unterhalten. Dabei ergeben sich auch interessante Gespräche unter den Besuchern. Es werden zu allen möglichen Themen Fragen gestellt und Antworten gegeben. Ich höre dem sehr gerne zu, da ich so vieles über die alltäglichen Sorgen der Menschen erfahre. Dabei fällt mir immer wieder auf, dass einige Menschen die anderen nicht ausreden lassen. Es wird vor Ende des Satzes geantwortet. So geht das Gespräch in eine ganz andere Richtung, als wenn man kurz gewartet hätte, was der Fragende wirklich hatte fragen wollen. Es scheint wohl so zu sein, dass die Menschen einfach keine Zeit haben zu warten. Und dabei muss man nichts anderes tun, um zu verstehen, als zuzuhören. Höre also richtig zu – und du wirst die anderen wirklich verstehen.

Gib Wissen weiter – es wird dich selber weiterbringen

Wir alle brauchen einander und hin und wieder auch ganz konkrete Unterstützung. Kein Mensch kann alles allein schaffen. Und so sollten wir schauen, wen wir unterstützen können, und dies dann auch tun. Es gibt einem ein wunderbares Gefühl, wenn wir anderen etwas von unserem Wissen und Können weitergeben und sie es annehmen können.

Doch oft höre ich, dass Menschen ihr Wissen für sich behalten möchten, damit sie dem anderen überlegen sind. Damit wird aber Trennung gefördert und nicht Zusammenhalt. Gerade Menschen in gehobenen Positionen möchten ihr Wissen oft nicht mit anderen teilen, um ihre Position nicht zu gefährden. Doch wer hat etwas davon? Nur die einzelne Person, die Wissen nicht weitergibt. Alle anderen haben nichts davon. Wenn Menschen ihr Wissen nicht weitergeben, sollte uns das stutzig machen und wir sollten überlegen, ob wir mit solchen Menschen in Verbindung stehen möchten.

Ich gebe all mein Wissen sehr gerne weiter. Zum einen, weil es mir Freude macht und Vertrauen schafft, dass die anderen ebenfalls ihr Wissen mit mir austauschen und wir uns gegenseitig anregen weiterzudenken. Zum anderen sehe ich gar keinen Sinn darin, mein Wissen ganz egoistisch für mich zu behalten und mit diesem Wissen dann zu sterben. Die ganze Welt ist darauf aufgebaut, dass Menschen ihr Wissen weitergeben. Was wären wir heute, wenn wir nicht das Wissen unserer Vorfahren übernommen und weiterentwickelt hätten. Wissen weiterzugeben entspricht einem natürlichen Kreislauf.

Als ich begann, als Landschaftsgärtner zu arbeiten, lagen einige Jahre Lernen vor mir. Meine Lehrer haben mir alles beigebracht, was ich heute weiß. Wie könnte ich heute machen, was ich tue, wenn mir das Wissen von anderen nicht weitergegeben worden wäre. Und so bin ich heute derjenige, der sein Wissen weitergibt, damit es bei anderen auf fruchtbaren Boden fällt. So schließt sich der Kreislauf.

Gib also dein Wissen weiter – und es wird dich selber weiterbringen.

Mache jemand glücklich und du wirst selber glücklich

Glück ist etwas, das wir teilen können und das sich dadurch vermehrt. Wer möchte nicht mit jemand anderem sein Glück teilen? Den Partner, Freunde, Kinder, Kollegen daran teilhaben lassen. Nur wenn wir selber nie echtes Glück gespürt haben, können wir diesen Wunsch nicht nachvollziehen. Wir erkennen es daran, dass wir neidisch oder gar eifersüchtig auf das Glück von anderen sind. Und wenn diese Gefühle unser Leben beherrschen, können wir andere nicht glücklich machen. Dann sind wir noch zu sehr mit uns selbst beschäftigt. Wir können noch nicht geben – wir können nur nehmen.

Doch wer wirkliches Glück empfinden kann, der kann es auch weitergeben. Der wird Freude daran finden, jemanden anderen glücklich zu machen. Mit einer Überraschung, mit einer Geste, mit einem Geschenk, mit einem Lob … es gibt so viel, mit dem wir andere glücklich machen können.

Probiere es einfach einmal aus. Überrasche jemanden mit etwas, das diese Person glücklich macht. Wir können gar nicht anders, als uns über das Glück des anderen zu freuen. Es ist wie ansteckendes Lachen. Wir machen einfach mit. Es überträgt sich weiter.

Ich gebe meinen Gästen immer ein Geschenk mit, und es macht mich glücklich. Es ist der Samen der japanischen Krötenlilie, einer meiner Lieblingsblumen, die im August den Garten mit ihrer farbenfrohen Blüte auf ganz eigene Weise verschönert.

Da ich wegen meiner Zurückgezogenheit meine Gäste nie wiedersehe oder in anderer Weise Kontakt mit ihnen habe, weiß ich nicht, ob sie den Samen einpflanzen oder nicht. Das ist auch nicht wichtig. Wichtig ist, dass ich an meinen Gästen spüre, dass es sie glücklich macht, dieses Geschenk zu bekommen. Und dieses Glück geht auf mich über.

Mache also jemanden glücklich – und du wirst selber glücklich.

Vergib anderen und du fühlst dich besser

Jeder wird irgendwann in seinem Leben einmal durch einen anderen verletzt, und es gehört zu den schwersten Dingen überhaupt, dem anderen diese Verletzung zu vergeben. Man kann vielleicht nicht alles vergeben, trotzdem sollten wir versuchen, uns im Vergeben zu üben.

Viele Verletzungen entstehen in früher Kindheit. Unsere Eltern haben uns, meist unbewusst, verletzt. Mit einer Aussage, mit einer Tat, mit irgendeiner Ungerechtigkeit. Dies ist normal. Welche Eltern können ihre Kinder großziehen, ohne sie irgendwann einmal zu verletzen? Diese Verletzungen tragen wir in uns und kreisen unser ganzes Leben um sie. Wir erhalten sie aufrecht, indem wir immer wieder darüber sprechen und unseren Eltern dafür einfach nicht verzeihen können. Doch wenn wir es schaffen, unseren Eltern oder jemand anderem zu vergeben, passiert etwas Wunderbares. Denn im Kern tun wir uns selbst einen großen Gefallen.

Wir überwinden uns, gehen durch den Schmerz der Verletzung hindurch und begeben uns auf eine neue Ebene. Wir lösen uns von der Last, die wir durch die Verletzung tragen mussten. Es ist eine Last, die wir nicht tragen müssen, denn wir haben uns ja nicht selbst verletzt, sondern wurden verletzt. Wir geben diese Last einfach zurück an denjenigen, der uns verletzt hat. Dadurch beginnen wir, wieder zu leben, und eröffnen ein neues Miteinander zwischen uns und den Eltern oder denen, die uns verletzt haben.

Eine Frau erzählte mir von ihrer Verletzung als Kind durch ihre Mutter. Es war keine körperliche Verletzung, sondern die Mutter misstraute ihrer Tochter. Diese Verletzung des Urvertrauens zwischen Mutter und Kind verankert sich auf den tiefsten Ebenen in uns. Nichts ist wichtiger als das Vertrauen der Kinder in ihre Eltern. Und so hat diese Frau ihre Verletzung ihr ganzes Leben lang mit sich getragen, hat sich abgelenkt und viel gearbeitet, nur damit sie ihre Verletzung nicht mehr spüren musste. Sie ist ihr aus dem Weg gegangen. Doch wenn eine Verletzung in uns ist, können wir dieser nicht mehr aus dem Weg gehen. Wir nehmen sie immer mit. Egal, was wir tun. Erst kurz vor dem

Tod ihrer Mutter brachte der Zufall sie zusammen und sie konnten sich am Sterbebett der Mutter versöhnen. Doch welch schöne Zeit hätten beide miteinander verbringen können, wenn sie einander früher vergeben hätten.

Vergib anderen – und du fühlst dich besser, leichter und kannst eine ganz neue Beziehung zu dieser Person beginnen.

Verlange vom Partner nicht mehr, als du selber kannst – es hält eure Beziehung im Gleichgewicht

Wir sind sehr gut darin, bei anderen Fehler zu entdecken oder von anderen etwas zu verlangen, was wir selber nicht bieten können. Das ist allzu menschlich.

Es gibt ein japanisches Schattenspiel, bei dem ein Fürst seinen Untertanen Befehle erteilt, was sie zu tun haben. Dabei zeigt er ständig mit seinem Zeigefinger auf seine Untertanen. Diese sind von der Menge an Befehlen völlig überfordert und werden immer kleiner. Nur ein Untertan bleibt in der Gruppe groß und zeigt mit seinem Zeigefinger auf den Fürsten. Dabei dreht er die Hand im Schattenspiel so, dass der Zeigefinger zwar weiterhin auf den Fürsten zeigt, aber die drei anderen Finger der Hand auf sich selbst. Daraufhin blickte der Fürst auf seine Hand und sah, wie neben seinem Zeigefinger die drei anderen Finger auf ihn selbst zeigten.

Er erschrak vor dieser Erkenntnis und verstumm-te. Sein Schatten wurde nun kleiner, während die Schatten der Untertanen wieder größer wurden, bis alle gleich groß waren. Mit dieser Erkenntnis hat der Fürst seinen Führungsstil verändert und ein Reich geschaffen, das jahrhundertelang im Gleich-gewicht war.

So ist es auch mit uns. Wenn wir von unserem Partner ein Verhalten verlangen, welches wir sel-ber nicht an den Tag legen, entsteht ein Ungleich-gewicht. Je länger dieses Ungleichgewicht in der Partnerschaft anhält, desto breiter wird der Graben zwischen uns und unserem Partner. Irgendwann wird dieser Graben nicht mehr zu überwinden sein und die Partnerschaft zerfällt.

Verlange von deinem Partner also nie mehr, als du selber geben kannst – es wird eure Beziehung im Gleichgewicht halten.

Tue, was du sagst und du schaffst Vertrauen

Das Organisieren unseres Alltags ist eine Herausforderung. Wir müssen dafür am Tag sehr viele große und kleine Entscheidungen treffen. Dafür sprechen wir mit anderen, machen Termine aus und vereinbaren Abläufe. Und weil es so viel ist, was wir organisieren müssen, stolpern wir über die Dinge, die wir zwar sagen, aber dann nicht tun. Dies ist oft keine Absicht, sondern schlichte Überforderung, die allerdings zu Missverständnissen und Vertrauensverlust führen kann.

Denn wie oft können wir uns erlauben, etwas zu sagen und es dann nicht zu tun, ohne an Vertrauen zu verlieren?

Im ZEN ist es ganz einfach. Man spricht nur sehr wenig, man hört aufmerksam zu und wartet mit der Antwort. Alles ist reduziert und konzentriert. Es gibt keine Ablenkung und man ist voll und ganz auf eine Sache fokussiert. Wenn ich zuhöre, höre ich zu. Wenn ich antworte, antworte ich. Wenn ich etwas tue, tue ich nur das. So entsteht Vertrauen, denn das wenige, das gesagt wird, wird auch getan. Diese Art zu leben ist in der westlichen Welt nicht sehr verbreitet, weil man meint, dass es für die Schnelllebigkeit nicht geeignet sei. Doch ist es besser geeignet, viel zu sagen und es dann nicht zu tun?

Im ZEN gibt es *Dokusan* – das Vieraugengespräch zwischen Meister und Schüler. Dabei darf der Schüler Fragen stellen, die ihn beschäftigen. Es können Fragen zur Atmung, zur Sitzhaltung oder auch zu persönlichen Themen sein. Hin und wieder biete ich einem Gast ein Dokusan an. Und so saß mir einmal eine Frau gegenüber, die bei der Teezeremonie schon einen nervösen Eindruck machte, welcher sich nun beim Einzelgespräch in einem Wortschwall äußerte. Ständiges Reden vom Schüler ist bei einem Dokusan unüblich. Doch das Vieraugengespräch hat das Ziel, Erkenntnis beim Schüler zu erzeugen. Ich ließ also die Frau weitersprechen. Es war ihr ganz offensichtlich ein wichtiges Bedürfnis. Ich hörte aufmerksam zu und zählte dabei die vielen Fragen, welche die Frau in ihrer Erzählung an mich richtete. Doch sie hatte keine Zeit, die Antwort abzuwarten. Sie sprach einfach weiter. Nach zehn Minuten Sprechen ohne Pause hob ich sanft die Hand, worauf die Frau sofort innehielt und mich erwartungsvoll anschaute.

»Sie haben mir 18 Fragen gestellt – auf die Sie keine Antwort wollten.« Ihre Augen blickten mich verwundert an und gleichzeitig bemerkte sie ihr eigenes Verhalten. Sie war so zerstreut und überfordert und sprach so viel, dass sie das, was sie alles sagte, niemals hätte tun können. Es wäre viel zu viel gewesen.

Und so bringen uns Zerstreuung und Überforderung an den Punkt, dass wir nicht mehr das tun, was wir sagen.

Versuche dich beim Sprechen zu konzentrieren und zu fokussieren. Dann wirst du tun können, was du sagst – und Vertrauen schaffen.

Sei ein guter Freund
und du wirst gute Freunde haben

Wir alle brauchen Freunde. Manche haben mehr Freunde, manche weniger. Am wichtigsten sind die wirklich guten Freunde. Freunde, mit denen man über alles sprechen kann. Freunde, die wirklich zuhören können. Freunde, die uns mit echtem Rat zur Seite stehen können. Und um solche Freunde zu haben, muss man selbst ein guter Freund sein.

Einmal waren Freunde ein Thema in einer kleinen Besuchergruppe. Jemand hatte das Wort *Freund* ins Spiel gebracht und daraus ergab sich eine wunderbare Diskussion. Wir sprachen darüber, was ein guter Freund ist und was es bedeutet, selbst einer zu sein. Dabei fiel mir ein Mann auf, der sehr viele Freunde zu haben schien. Er erzählte uns, dass er fast jeden Abend mit Freunden unterwegs sei, mit ihnen zum Sport oder in eine Bar gehe. Sie verbrächten sehr viel Zeit miteinander. Doch einmal, als es diesem Mann sehr schlecht ging, weil er eine schwere Entscheidung zu treffen hatte, konnte er mit seinen Freunden nicht darüber sprechen. Er selbst hatte Angst davor, das Thema anzusprechen. Und so verbrachten sie weiterhin viel Zeit miteinander, aber er trug ein Geheimnis mit sich. Und nach einer Zeit überlegte er sich, ob denn auch einer seiner Freunde ein Geheimnis mit sich trage. Gute Freunde erzählen sich Geheimnisse. Es ist also nicht wichtig, wie oft man mit seinen Freunden unterwegs ist, sondern, was man in dieser Zeit miteinander bespricht.

Sei ein guter Freund und teile deine Geheimnisse – und du wirst gute Freunde haben.

Gehe auf andere zu
und sie werden sich
dir öffnen

Oft haben wir Angst, auf andere zuzugehen. Wir
denken darüber nach, wie diese sein könnten, und
malen uns Reaktionen aus, die eintreten könnten,
wenn wir auf sie zugehen. Das führt so weit, dass
wir es einfach lassen, sie kennenzulernen. Doch das
ist schade, denn meistens ist es nicht so, wie wir es
uns gedacht haben. Und wenn der andere ebenso
denkt, dann kommen Menschen, die zusammen-
gehören, dieselbe Energie haben, nicht zusammen.
Beim ZEN meditieren die unterschiedlichsten Menschen gemeinsam in einem Raum. Es gibt ganz
Junge und Alte, Frauen wie Männer. Beim Zazen –
so nennt sich die Meditation im Sitzen – darf jeder
kommen, der dies gern ausprobieren möchte. Der
Meister geht auf Neue zu und bietet ihnen einen
Platz an. Es ist ein Aufeinanderzugehen, aus dem
etwas Neues entstehen kann – aber nicht muss.
Denn obwohl ZEN für jeden zugänglich und offen

ist, so ist es nicht jedermann Sache. Man probiert es aus und die Energie wird es zeigen, ob sich mehr daraus entwickelt und der Schüler seine Freude am ZEN-Weg findet. Wenn aber Schüler und Meister zu Beginn nicht aufeinander zugehen, dann kann sich nichts entwickeln.

Gehe also mit Offenheit und Neugierde auf andere zu – und sie werden sich dir öffnen.

Vergleiche dich nicht mit anderen – es macht dich unglücklich

Wir alle sind in Kontakt mit anderen Menschen. Selbst beim einsamsten Einsiedler kommt hin und wieder ein Mensch vorbei. Und auch ich bekomme hin und wieder Besuch von Menschen, obwohl ich ein zurückgezogenes Leben in meinem Garten gewählt habe. Wir können es also gar nicht vermeiden, mit anderen Menschen in Kontakt zu kommen. Und mit diesen anderen Menschen beginnen wir, uns zu vergleichen. Ich hätte gerne, was der hat. Ich würde gerne so aussehen, wie sie aussieht. Wohnung, Auto, Geld, Besitz – all das vergleichen wir mit anderen.

Dies entspricht nicht dem Wesen eines authentischen Lebens. Denn jeder von uns ist als Mensch einzigartig, und wenn wir uns ständig wünschen, anders zu sein, dann leben wir nicht authentisch. Natürlich können wir uns an anderen ein Beispiel nehmen, um uns selber zu Veränderungen herauszufordern und persönlich zu wachsen. Dies ist für ein authentisches Leben sehr wichtig. Sobald wir uns aber nicht mehr verändern, uns nur noch wünschen, anders zu sein, verlieren wir uns selbst. Wir beginnen, unser eigenes Leben weiter zurückzustellen, und leben das Leben der anderen.

In fast allen fernöstlichen Lehren geht es darum, durch verschiedenste Übungen zu sich selber zu finden. Anzukommen bei sich selbst. Den Punkt im Leben zu finden, der sich für uns richtig und ganz anfühlt. Dinge zu tun, bei denen wir unser volles Potenzial ausschöpfen können.

All dies gelingt uns nicht, wenn wir uns ständig mit anderen vergleichen.

Verschwende also keine Energie damit, jemand anderer sein zu wollen, als du bist. Vergleiche dich nicht mit anderen – es macht dich nur unglücklich.

Verurteile andere nicht –
entdecke ihre Besonderheit

Wir alle haben etwas Besonderes, auch wenn es nicht sofort sichtbar und erkennbar ist. Manchmal ist diese Besonderheit der Person selbst nicht klar. Dies ist bei unseren Lebenswegen nicht verwunderlich. Denn jeder von uns wird auf einen Lebensweg gebracht, der eher von unseren Eltern und unserem Umfeld bestimmt wird als von uns selbst. Und wenn wir dann auf diesem Weg sind, fehlt uns oft die Zeit, darüber nachzudenken, ob wir denn auch wirklich auf diesem Weg sein möchten. Und so ist es nahezu normal, dass die Menschen keine Zeit finden, ihre Besonderheit kennenzulernen.

Deshalb ist es umso schöner, wenn wir unvoreingenommen Menschen begegnen. Ganz ohne Vorurteil oder Beurteilung. Wir können vom Äußeren der Menschen nicht auf ihr Inneres schließen und doch tun wir es hin und wieder. Doch jedes Vorurteil erschwert den Zugang zu der Besonderheit dieser Person. Denn wir suchen im Gespräch unbewusst die Bestätigung für unser vorgefertigtes Urteil und überhören die wichtigen Aussagen.

Bei Blumen ist es genauso. Manche mögen das Blütenmuster der japanischen Krötenlilie mit ihren fleckigen Abstufungen, finden sie ungewöhnlich und andere hätten lieber einfarbige Blütenblätter. Vielleicht sind sie es von ihren eigenen Blumen gewohnt. Und mit diesem vorschnellen Urteil schenken sie der japanischen Krötenlilie keine Zeit mehr, ihre Besonderheiten zu erkennen. Ihre stern- bis trichterförmigen Blüten, die aus der Ferne violett schimmern und erst in der Nähe ihre fleckige Struktur offenbaren, die formschön zugespitzten Blätter oder ihre Ausdauer. Alles besondere Eigenschaften, die ein einziges Vorurteil zunichtemachen kann. Und so erlauben wir der japanischen Krötenlilie keinen Platz in unserem Garten, obwohl sie eine ganz wunderbare Ergänzung im Ganzen sein kann.

Verurteile also andere nicht – entdecke lieber deren Besonderheit und bereichere damit dein Leben.

Akzeptiere mehrere Lösungen und ihr kommt schneller ans Ziel

In einer Gruppe aus Menschen gibt es naturgemäß unterschiedliche Meinungen zu allen Themen. Allein bei zwei Menschen gibt es mindestens drei Meinungen. Doch Meinungen sind etwas zutiefst Persönliches, welche sich in der Vergangenheit der Person entwickelt haben. Ein Ziel ist etwas Gemeinschaftliches. Und ein gemeinsames Ziel mit ganz unterschiedlichen Persönlichkeiten zu erreichen ist eine große Herausforderung.

Wenn wir alleine an einem Ziel arbeiten, dann können wir einen Weg wählen, den wir für den besten halten. Wenn wir mit mehreren Menschen an einem Ziel arbeiten, dann müssen wir mehrere Wege zum Ziel akzeptieren.

Ich erinnere mich noch gut an die Zeit, als ich meinen Garten anlegte. Die meisten Arbeiten konnte ich selber verrichten, doch für ein paar spezielle Arbeiten brauchte ich Arbeiter mit besonderen

Arbeitsgeräten. Und so waren für eine Woche vier dieser Arbeiter in meinem Garten damit beschäftigt, Gräben zu ziehen, Hügel aufzuschütten, Flächen zu glätten und dem Garten seine Grundstruktur zu geben. Ich gab also den Arbeitern meine Zeichnung, damit sie wussten, wie ich den Garten gerne hätte. Sie sahen sich die Zeichnung an und begannen mit der Arbeit. Und als sie begannen, bekam ich ein schlechtes Gefühl. Irgendwie hätte ich anders begonnen. Ich war der Meinung, dass eine andere Herangehensweise schneller ans Ziel führen würde. Und so machte ich zwar meine Arbeit, bemerkte aber, dass ich des Öfteren überprüfte, ob die Arbeiter mit »ihrer Methode« auch wirklich ans Ziel kommen würden.

Sie taten es, und zwar noch vor der vereinbarten Zeit. Hätte ich ihnen von Beginn an vertraut und die Zeit, die ich für das Überprüfen ihrer Vorgehensweise investiert habe, in meine eigene Arbeit gesteckt, so wäre ich jetzt etwas weiter.

Akzeptiere also mehrere, andere Lösungen – und ihr kommt schneller ans Ziel.

Gehe die Schritte des anderen und du wirst tiefes Verständnis erlangen

Die größten Missverständnisse entstehen dadurch, dass wir das Denken und Tun der anderen nicht verstehen. Wir können es nicht nachvollziehen. Es passt nicht in unser eigenes Denk- und Handlungsmuster. Wir würden es ganz anders machen. Daran ist nichts falsch – es hilft uns aber nur wenig, wenn wir in einer Gruppe sind und die einzige Kommunikation darin besteht, dass wir es anders machen würden.

Wir lernen und wachsen durch Verständnis des anderen. Und dies können wir am besten, wenn wir die Schritte des anderen gehen. Wenn wir uns für eine bestimmte Zeit voll und ganz in den anderen hineinversetzen.

Im ZEN gibt es die Gehmeditation, bei der sehr langsam und konzentriert ein Fuß vor den anderen gesetzt wird. Eine erweitere Gehübung ist es, wenn vor uns jemand geht, sich in die Person hineinzuversetzen. Wir gehen hinter der Person her, folgen ihren Schritten und übernehmen ihre Bewegungen. Bleibt die Person stehen, bleiben wir es auch. Geht die Person weiter, gehen auch wir weiter. Blickt die Person zum Himmel, so tun wir es ihr nach. Durch dieses »Nachahmen« nehmen wir unsere eigenen Gedanken zurück und denken die Gedanken der anderen Person. Wir versetzen uns in die andere Person hinein, bis wir für einen kurzen Moment diese Person sind. Dadurch erlangen wir tiefes Verständnis für andere Menschen. Wir verstehen, dass andere Menschen anders denken und handeln und dass dies das Normalste auf der Welt ist.

Diese Übung kann man auch nur im Geiste durchführen, indem man sich gedanklich in eine andere Person hineinversetzt. Einfach die Augen schließen und an die Person denken, die man gerne besser verstehen möchte.

Gehe also in den Schritten des anderen – und du wirst tiefes Verständnis für diese Person erlangen.

Sei höflich –
es wird dir Türen
öffnen

Höflichkeit und Respekt sind in Japan tief verwurzelt. Wir respektieren alle Menschen und Dinge und begegnen ihnen mit Aufmerksamkeit und Höflichkeit. ZEN hätte sich ohne diese Grundpfeiler der japanischen Kultur nicht entwickeln und so erfolgreich verbreiten können.

Eine Teezeremonie wäre ohne Respekt, Aufmerksamkeit und Höflichkeit nicht durchführbar, denn erst durch diese Haltung wird die Teezeremonie zu einem besonderen Moment, in dem Neues passieren kann.

Zazen – die Meditationsform des ZEN – ist ebenfalls nicht durchführbar, wenn es an einer der drei Einstellungen fehlt. Bei der Teezeremonie geht es um die Haltung in einer Gruppe. Beim Zazen geht es um die Haltung zu uns selbst. Denn auch uns selbst sollten wir mit Respekt, Aufmerksamkeit und Höflichkeit begegnen.

Höflichkeit ist die japanische Begegnungsform, die Aufmerksamkeit und Respekt beinhaltet. Wenn wir nicht höflich sind, können wir nicht aufmerksam und nicht respektvoll sein.

Eine japanische Geschichte erzählt von einem Herrscher, der immer aufmerksam und respektvoll war. Aufmerksam hörte er seinen Untertanen zu und voller Respekt hielt er die alten Traditionen seines Volkes ein. Doch er herrschte ungestüm, laut und mit verletzenden Worten. Die Aufmerksamkeit gegenüber seinen Untertanen nutzte er lediglich, um an wichtige Informationen zu kommen. Das respektvolle Durchführen von traditionellen Ritualen machte er nur, um seine Macht zu erhalten und das Volk ruhig zu stimmen.

Mit anderen Herrschern unterhielt er ebenfalls respektvolle und aufmerksame Beziehungen, aber auch auf unhöfliche Art.

Dieser Herrscher wurde bei der Ausübungen seiner Pflichten immer von einem Weisen begleitet, den er hin und wieder um Rat bat. Eines Tages sagte der Weise zu ihm: »Du bist respektvoll und aufmerksam – aber du bist nicht höflich.« Daraufhin entließ ihn der Herrscher.

Nach einiger Zeit verbündeten sich seine Partner

gegen ihn und stürzten seine Herrschaft laut, ungestüm und mit verletzenden Worten.

Höflichkeit ist das Bindeglied zwischen Aufmerksamkeit und Respekt. Ohne diese Höflichkeit ist
Vertrauen nicht möglich.

Sei also höflich zu den Menschen, denen du begeg-
nest – und es wird dir Türen öffnen.

Blicke hinter die Worte
und du wirst einen ewigen Freund haben

Jeder Mensch braucht Hilfe in seinem Leben. Selbst wenn wir für unser Leben einen genauen Plan haben, es gibt keine Garantie, dass wir nicht irgendwann einmal Hilfe brauchen. Das Leben ist zu unvorhersehbar.

Diese Momente der Hilfebedürftigkeit bei anderen zu erkennen ist eine wichtige Eigenschaft. Dazu brauchen wir Sensibilität. Und diese entsteht durch genaues Beobachten und »hinter die Worte blicken«.

Vor einigen Jahren besuchte mich eine Gruppe von Managern, um etwas mehr über das einfache Leben zu erfahren. Ich zeigte ihnen den Garten und führte die Teezeremonie durch. Danach gab es eine sehr interessante Diskussion über ein einfaches und erfülltes Leben. Ich wunderte mich über die vielen Fragen, die die Manager hatten. Alles wollten sie ganz genau wissen und verstehen. Ich beobachtete sie dabei, wie sie meine Antworten gegenseitig nach Vor- und Nachteilen abwogen. Dabei war einer der Männer besonders genau. Bis ins kleinste Detail wog er meine Antworten ab. Und ich bemerkte, dass es ihm nicht um die Antwort selbst ging. Ganz im Gegenteil. Er benutzte meine Antworten, um seine Mauer, die er jahrelang als Schutzwall um sich herum errichtet hatte, mit neuen Argumenten noch größer zu machen. Diese Art Hilfebedürftigkeit ist nicht offensichtlich und doch spürbar und vorhanden. Dieser Mann nutzte Worte, um sich hinter ihnen zu verstecken und zu schützen.

Schaue das nächste Mal genau hin, denn Menschen sind sehr gut im Verstecken von wahren Gefühlen und Bedürfnissen. Versuche hinter die Worte zu blicken und biete aufrichtige Hilfe an – und du wirst einen ewigen Freund haben.

Schaue mit dem Herzen
und du verstehst viel mehr

Wir Menschen verständigen uns durch Worte und
Gesten. Nur so können wir dem anderen etwas
mitteilen. Selbst wenn wir die Sprache des anderen nicht sprechen, versuchen wir, uns durch Worte
und Gesten zu verständigen. Dies ist auf der ganzen
Welt so.

Doch es gibt auch eine andere Art, sich zu verständigen. Sie funktioniert ganz ohne Sprechen und
Gesten. Man schaut mit dem Herz.

Wörter entstehen im Kopf und sind der Versuch,
Dinge zu erklären, um sie zu verstehen. Doch das
Herz versteht, der Kopf möchte erklären. Und so
entsteht ein Hin und Her zwischen Kopf und Herz.
Irgendwann übernimmt der Kopf die Herrschaft
und verstellt den Weg zum Herzen, sodass wir es
nicht mehr oder nur sehr schwer finden können.

Viele Übungen aus dem Buddhismus haben den
Zweck, genau diesen Weg zum Herzen wiederzuent-
decken. Besonders Meditation hilft uns, den Kopf

etwas in den Hintergrund zu stellen und deutlicher die feinen Signale des Herzens wahrzunehmen.

Probiere einmal folgende Übung, um deinen Blick mit dem Herz zu stärken: Stelle dir vor, dein Herz könnte wirklich schauen. Egal, wo du stehst oder sitzt, lasse dein Herz schauen. Lenke deine ganze Aufmerksamkeit vom Kopf hinunter zum Herz und verweile dort. Wenn du das öfter machst, wirst du merken, dass der Kopf immer weniger denkt und dein Herz immer mehr wahrnimmt. Deine Muskeln im Gesicht entspannen sich, weil du nicht mehr mit dem Kopf denkst, sondern mit dem Herz schaust. Je häufiger du das praktizierst, umso besser kannst du zwischen Kopf und Herz hin- und herwandern. Du erkennst im Nebel wieder den Weg zu deinem Herzen. Dieser Weg war immer da und wird immer da sein. Wir müssen nur lernen, ihn wieder zu gehen.

Schaue also öfter mit dem Herzen – und du wirst viel mehr verstehen.

Ich hoffe, dieses Buch und seine Wege sind dir eine Hilfe, neue Pfade zu beschreiten, alte Muster zu erkunden, aufzubrechen und zu einem neuen Denken und Handeln zu finden, um ein einfaches, glückliches und erfülltes Leben zu führen.

Über den Autor

Bankei Sogyu wurde 1960 in Fukuoka geboren und hat eine Ausbildung als Landschaftsgärtner in Kyoto absolviert, ehe er 1980 der Außenwelt den Rücken gekehrt hat und Mönch geworden ist. Seither beschäftigt er sich mit der Suche nach der Essenz des Lebens. Auch wenn er sich bewusst ist, dass diese Suche noch nicht abgeschlossen ist, will er nun mit Die Kunst einfach zu leben den Menschen schon eine erste Hilfestellung zu einem besseren, minimalistischeren Leben geben.

160 Seiten
14,99 € (D) | 15,50 € (A)
ISBN 978-3-86882-918-1

Annette Bernjus |
Anna Cavelius

Waldbaden

Mit der heilenden Kraft
der Natur sich selbst
neu entdecken

In den Wald gehen, das Rascheln der Bäume und das Grün auf sich wirken lassen, nicht denken und die Ruhe und Unaufgeregtheit der Natur genießen – und das in Zeiten der ständigen Erreichbarkeit. Annette Bernjus lädt dazu ein, was in Japan längst zur präventiven Gesundheitsvorsorge gehört: Shinrin Yoku, an der Waldluft zu baden.

In 10 einfachen Schritten beschreibt sie den ursprünglichen Weg, in der unverfälschten Natur wieder zu uns selbst zu finden, uns zu zentrieren und uns von äußerem Druck und Eile abzugrenzen. So senken Sie Ihren Stresslevel, stärken Ihr Immunsystem und aktivieren Ihre Selbstheilungskräfte!